西山太吉
Takichi Nishiyama

沖縄密約

――「情報犯罪」と日米同盟

Eurus
Notus
Boreas
Zephyrus

岩波新書
1073

目次

目次

一九七一年六月に調印、翌七二年五月に発効した沖縄返還協定において、米軍用地復元補償費四〇〇万ドル(当時のレートで一二億円強)は、米側が日本へ「自発的支払を行なう」と記されていた(本書一二三頁)。だが、この問題につき、著者は日本側による〝肩代わり〟の事実を外務省女性事務官から入手した極秘電信文により突き止めた。著者は、これを記事にした上、さらにこの事実を国民に伝達するための有効な方法として、国会の予算委員会を通じた究明という手段を選び、七二年三月に著者から受けとった同電信文を基に、社会党の横路孝弘衆院議員が「密約」の存在について政府を追及した。

著者と事務官は国家公務員法違反容疑で逮捕され、「知る権利」を守れとの世論が高まったものの、両者の個人的関係が起訴状に記載されたのを契機に、焦点が「沖縄密約」から「機密漏洩」へとすり替えられる形となった。事務官は一審で有罪(懲役六ヵ月、執行猶予一年、控訴せず確定)。著者は一審での無罪が二審で逆転有罪となり、七八年六月、最高裁で確定(懲役四ヵ月、執行猶予一年)した。

だが、その後二〇〇〇年五月、二〇〇二年六月に「密約」を裏づける米公文書が見つかるとともに、「四〇〇万ドル」は〝氷山の一角〟であることも判明し(本書第3章扉)、二〇〇五年四月、著者は謝罪と損害賠償を求めて国を提訴。二〇〇六年二月には「密約はあった」とする交渉当事者の証言も報じられた(第5章扉)。

(編集部)

はじめに

東京地方裁判所は二〇〇七年三月二七日、私が国を相手に起こした「沖縄密約」をめぐる名誉毀損損害賠償請求の裁判で、請求棄却の判決を下した。かつて三十数年前の刑事裁判でも、この「沖縄密約」の違法性は「機密漏洩」にすり替えられることによって、なんら究明されることなく終わった。目の前に、歴然たる証拠があるにもかかわらず、捜査は意図的に回避され、その真実は政府側による広範な〝偽証〟とそれに基づく検察の裁判妨害により徹底的に隠蔽されたのである。この実相は、ここ数年来の相次ぐ米外交秘密文書、あるいは最近では当の検察側証人自身の告白によって白日の下にさらされ、密約の違法性なるものは、いまや必要にして十分な証拠により、完全に追認されるに至った。

しかるに、こうした新証拠に基づいた今回の民事裁判においても、裁判官は、私へのかつての起訴に関連しては、除斥期間(権利の存続期間、二〇年)を持ち出し、また最近の政府首脳部によるー連の密約否定のウソについては、行政上の発言に過ぎず、特定個人に向けられたものではないため名誉毀損にはあたらないとするだけで、核心ともいうべき密約の問題には、一切立ち入ろうとしなかった。

国家安全保障会議の発足、あるいは日米軍事再編(この呼称については、一四六頁参照)にともなう国による情報管理がいっそう強化され、さらに沖縄密約の否定が国会議員からの質問主意書への回答として閣議決定されたという、かつてなく厳しい環境の下での裁判であったが故に、今回の事実上〝門前払い〟の司法判断は、およそ想像のつくところでもあった。果たせるかな、判決は、そうした想像通りのものとなったのである。

しかし私は、ここで引き下がるわけにはいかない。否、判決が最もグレードの低いものとなっただけに、逆にこれをバネとして、上級審において闘うほかはないのである。

私は、こんどの裁判の過程で沖縄密約なるものの全貌をつかむことができた。それは、一、三の密約に限定されるべきものではなく、沖縄返還全体を包み隠す巨大な虚構といえるほどのものであった。また、この虚構は、単なる一過性のものではなく、現在進行中の日米軍事再編、つまり日米軍事一体化の形成につながるその後の日本の外交、安全保障を方向づける起点といえるものであった。

さらに、この虚構を隠蔽するために当時の政府が用いた手法は、「情報操作」の域を越えた、まさしく「情報犯罪」であり、現在の状況に照らして考えれば、あれから三五年たったいま、改めて国と報道機関の関係について、示唆に富む現代的教材を提供しているともいえる。

沖縄返還についてはすでに多くの書が出版されているが、私は以上に述べた視点に立って、私なりにこの問題を体系的に取り上げてみたいと思う。識者をはじめ、広く国民の間での論議において、ささやかなりとも一素材を提供することができれば幸いである。

第1章　「沖縄返還」問題の登場
―その背景と日米の思惑―

沖縄を訪問し，那覇空港で「沖縄の祖国復帰が実現しないかぎり，わが国にとって戦後は終わっていない」とのメッセージを読み上げる佐藤首相(1965年8月19日，AP Images)

1　池田から佐藤へ

政治生命をかけた事情

佐藤栄作内閣（一九六四年一一月―七二年七月）の七年八ヵ月に及ぶ治政は、まさに「沖縄にはじまり」そして「沖縄で終わった」といえる。その佐藤首相が、政治生命をかけて沖縄の施政権返還に取り組むに至った事情とは何だったのか――。

これについては、その後、識者の間でも明確な答えは出されていない。佐藤首相の密使として沖縄返還の裏交渉にあたった若泉敬《わかいずみけい》（一九九六年没。以下、原則として敬称略）ですら、その遺著『他策ナカリシヲ信ゼムト欲ス』（文藝春秋、一九九四年）の中で、首相に近い千田恒《せんだひさし》の著書から引用して、次のように書いている。

「佐藤栄作が成し遂げた沖縄返還にも、いまだに解明されないまま残されている空白の部分が少なからずある。

それは、沖縄返還をめぐる対米交渉経過の中にもあるし、とくに、佐藤がこの主題を自らの政権の課題として選択するにいたったきっかけや、背景が、全く空白のままなのである。なぜ、佐藤が〝沖縄〟に踏み切ったのか。これがまず、素朴な疑問であるが、それに対する答えはいまだに出ていない。」

しかしながら、この問題については、池田(勇人)政治から佐藤政治への政権移行の過程と佐藤自身の政治的イデオロギーの解明によって、ある程度の回答を引き出すことができる。

池田への対抗意識

佐藤が沖縄の施政権返還問題を公的な場で最初に取り上げたのは、池田の〝三選〟阻止のため、自民党総裁選に立候補した一九六四年夏の頃であった。当時、佐藤は、記者団にこう述べている。

「ソ連には南千島の返還を、アメリカには沖縄の返還を積極的に要求する。領土問題が片づかないと〝戦後は終った〟とか、日米パートナーシップの確立とか、ソ連との平和外交の推進とかはいえない。池田内閣が沖縄の返還を正式にアメリカに要求したのはきいたことがないが、私がもし政権をとれば、いずれアメリカに出かけてジョンソン大統領に対して正面からこの問題を持出すつもりだ」(「朝日」一九六四年七月五日付)。この発言の中に、池田への激しい対抗意識をはっきり読み取ることができる。

池田は、一九六一年夏に訪米し、ケネディ大統領との会談の成果を「日米パートナーシップの樹立」と謳い上げたが、一方、沖縄返還についての記者団の質問には「なかなか、むずかしいね」と答えるにとどまった。ケネディは、その後、ケイセン（大統領特別補佐官）調査団を沖縄に派遣、その「ケイセン報告」を受けて、沖縄への日米両国による援助の増大などの「新政策」を打ち出した。合わせて日本の潜在主権の確認や祝祭日の日の丸掲揚などには応じたが、肝心の施政権については、沖縄の軍事的重要性に鑑みて、頑として譲る気配はなかった。池田は、この米側方針を受け入れたのである。

「自由使用だから…」

当時の池田の最優先課題は、何よりもアイク訪日中止まで引き起こした六〇年安保闘争の後遺症をいち早く断ち切ることであった。そのために、国民の関心を所得倍増計画という経済・内政問題に転換させようと躍起になっていた最中だった。また外交面では、米政府の要請もあって、日韓国交正常化に取り組まざるを得ないという事情もあった。

私は日韓交渉が対日請求権問題についての大平（正芳外相）・金（鍾泌中央情報部長）合意によってようやくヤマ場を越した六二年一二月頃、大平（池田と一心同体といわれた側近で、後に首相）に沖縄問題の扱いを聞いたことがある。ところが、大平は「とにかく自由使用だからなあ」といっただけで、ほとんど関心を示さなかった。

この〝自由使用〟という発言について、私は、まだ沖縄問題が詳しく論じられていなかった時期だったので、一瞬、戸惑ったが、やがて、それが沖縄の米軍基地の態様を指しているものと理解した。そして、大平はライシャワー駐日大使と親交があった（自宅にライシャワーの写真を飾っていたくらい）ので、彼からいろいろと沖縄問題についてレクチャーを受けているのだろうとも推測した。こうした大平発言の中に、池田内閣がなぜ沖縄問題に消極的であったかを知ることができる。

全方位の戦略拠点

一九五〇年代に入って、米国は朝鮮戦争の勃発、あるいは中華人民共和国の成立などを受けて、沖縄の米軍基地の建設を本格化した。いわゆる〝銃剣とブルドーザー〟による軍用地の接収が、やがては〝島ぐるみ闘争〟を誘発することになるのだが、これら基地はなにも日本だけの安全のためにあるのではなく、アジア・太平洋全域から、果てはインド洋までをにらんだ全方位の前方戦略拠点の性格を帯びていた。このことは、一九四〇年代から五〇年代にかけての米軍関係文書の至るところで指摘され、強調されていた。

そのため、仮に米国が沖縄の施政権を返還するとしても、日本側の都合に合わせて米軍基地に自ら制限を加えることがあろうはずはなく、その機能については、完全な〝自由使用〟を要求してくることは、まず間違いない。朝鮮半島の問題にしても、あるいは台湾の問題にしても、いずれもかつての〝植民地〟(領土)であり、同じ自由陣営に属するとはいえ、米国とは立場を異にする。この核保有をも含む〝自由使用〟なるものが日本国内に持ち込まれれば、六〇年安保に次ぐ第二の安保闘争に発展しかねない。六〇年安保問題の収拾にあたらねばならぬ時に、そうした騒乱の要因は絶対に摘みとらねばならない――。内政外交一体論を信条とする池田内閣の首脳の間で、こうした政治判断が働いたとしても決して不思議ではない。

池田と同格的存在だった前尾(繁三郎幹事長)にしても、また大平にしても、もともと法律をいじくりまわして事を荒立てるやり方を好まなかった。だから、岸(信介)の安保改定にも乗り気ではなかった。「あえて、やる(改定する)ほどのことではない」と見ていたのである。

「池田がやらないのなら…」

妥協点をさぐりながら問題をなし崩しに解決していくというこうした政治手法は、たしかに無難ではあるが、問題の回避・先送り、あるいは決断と実行に欠けるといった批判を浴びる。第一、吉田学校の優等生を自任する佐藤にとって〝寛容と忍耐〟とか〝低姿勢〟というフレーズ自体が気に入らない。前述の佐藤による池田批判は、こうした姿勢にあきたらないことからきている面もあった。しかし、同時に、「池田がやらないのなら、おれがやってやる」という気負いが、佐藤をして沖縄の施政権返還を取り上げさせたという面も、あながち否定できないのである。

同じ保守陣営内の政治家間の抗争としては、世にいう〝角福戦争〟(田中角栄と福田赳夫)が有名だが、池田と佐藤の仲も、一時は、これが吉田学校の同窓生かと疑わせるほどの険悪なものになっていた。最高権力を競い合う過程で、意思の疎通がないまま相互不信に陥ったといえる。

岸内閣の佐藤蔵相、池田通産相という間柄であった二人は、吉田茂門下という保守本流の基盤の上に長い交遊関係を続けてきたが、佐藤は、池田が松村謙三や三木武夫といういわゆる自民党内の〝反主流〟と目されていたグループともつき合うことに内心〝いら立ち〟を感じていた。しかし、恩師である吉田の説得もあって、結局、兄の岸と共に同じ官僚派の池田を支持し、石井光次郎、大野伴睦、河野一郎らの党人派連合を三〇二対一九四の大差で破り、池田内閣をつくり上げた。佐藤には「池田内閣は、おれが作ってやった」という自負があった。

この総裁選の直後、毎日新聞の首相官邸クラブの面々が国会議事堂から記者会館に向かう途中、たまたま車で通りかかった佐藤が珍しく窓をあけ、満面に笑みをたたえながら手を振るというちょっと異様な光景をまざまざと思い出す。佐藤は池田内閣の誕生をそれほど喜んでいた。裏返せば、「次はおれの番だ」という自信にあふれていたのである。

池田の挙党体制作り

かくして池田は、第一次の内閣および党人事にあたっては、佐藤の要請を入れて河野派を締め出し、合わせて大野副総裁の返り咲きも見送り、三役は、益谷秀次幹事長（池田派）、保利茂総務会長（佐藤派）、椎名悦三郎政調会長（旧岸派）の主流三派で固めた。ところが、この三派体制は、この内閣をもって終了する。

池田は訪米の成果をバックに、持論の所得倍増政策に本腰を入れるべく、第二次改造内閣の組閣にあたっては、党内の全派閥を網羅した挙党体制作りをめざしたのである。しかも、念には念を入れるというのは、こういうことをいうのであろうか。各派の幹部クラスを通り越して、オーナーをすべて閣内に〝閉じこめてしまう〟作戦に出た。狙いは、それぞれを要職に配置するというのではなく、あくまで〝封じ込め〟であるから、重要ポストの外務、大蔵は、小坂善太郎、水田三喜男を留任させ、河野一郎は農林、藤山愛一郎は経企、三木武夫は科学技術、川島正次郎は行政管理といったぐあいに、野心的であると同時に極めて奇抜な人事でもあった。

もちろん党人事でも、大野副総裁の復帰を認め、三役も、自派の前尾を幹事長に据え、総務会長に赤城宗徳（旧岸派）、政調会長に田中角栄（佐藤派）と、いずれも親池田色の濃い人物を起用した。

私は、この〝実力者内閣〟の構想をいち早くキャッチし、「特ダネ」として紙面をかざったことを覚えている。岸内閣の安保闘争時に経済部から政治部に移り（経済部長が政治部長に転任し、その勧誘を受けた）、以後、二年たつかたたないかの〝駆け出し〟にしては、内心満足できる取材であった。

佐藤の去就

問題は、佐藤の去就であった。彼の主張する〝粛党〟は、三派体制が崩れたことですでに消え去り、党には〝目の上のコブ〟的存在である大野が副総裁としてにらみをきかせ、一方の内閣には、これまた〝犬猿の仲〟の河野が幅をきかす。こうした状況の急変に際し、佐藤は入閣しないのではないかという観測が流れた。池田とその周辺は、結局、「他の実力者より要職の、通産大臣だったら受けるのではないか」ということになり、佐藤通産でなんとか入閣をとりつけた。

しかし、池田—佐藤の提携は、これで一応ピリオドを打った。当時、政界では、池田は近い友人(佐藤)から遠い他人(河野)へ馬を乗り替えたという「たとえ話」がはやったものである。池田にしてみれば基本政策推進のため党結集をはかるのは当然至極ということになるが、一方の佐藤は、これを「恩を仇で返す」離反とみなし、こうした両者の激しい対立関係が池田へのアンチテーゼとしての沖縄問題への傾斜を一層促すことになる。

日本経済の超高度成長

さらにいえば、沖縄問題選択の背景には、総理大臣として後世に名を残すほどの業績をあげようとする場合、その選択肢は、自ずとかぎられるという特殊な事情もあった。

まず、内政とくに経済の面でいえば、佐藤の場合、例の所得倍増をひっさげて「経済のことは、この池田におまかせ下さい」という池田に比べ、どうしても影は薄くなる。さらに、戦後日本の経済は、レベルの高い労働力、技術力、そして際限のないほどの投資対象と需要要因などに照らして、バランスのとれた刺激政策、すなわち成長政策さえ実施すれば、ある程度は自律的に発展するだけの潜在力を持っていた。

事実、戦後のある時期から、一年ないしは一年余の調整局面をはさみながらも、実に二〇年近くもの長きにわたって、五度を数えるほどの景気拡大がもたらされたのである。神武景気(一九五四年一二月―五七年六月、実質成長率一三・一%)、岩戸景気(一九五八年七月―六一年一二月、一一・三%)、オリンピック景気(一九六二年一一月―六四年一〇月、九・九%)、いざなぎ景気(一九六五年一一月―七〇年七月、一一・五%)、列島改造景気(一九七二年一月―七三年一一月、八・四%)がそれである。

このうち佐藤内閣は、四年九ヵ月にわたって実質成長率一一・五%に達する「いざなぎ景気」の恩恵を受けるのだが、これとて、一般には佐藤独自の政策の効果というよりは、やはり岸―池田からの延長線上の景気拡大と受けとめられていた。当時は日本経済の超高度成長期の真っ只中にあったといったほうがよい。

外交の課題

一方、外交の面では、対共産圏では鳩山(一郎)内閣の日ソ共同宣言、そして自由主義圏にあっては池田内閣による日韓国交正常化(佐藤内閣は、事実上、同条約の調印を継承しただけ)があり、当面、残る戦後処理案件は、中国(北京)問題、北朝鮮問題、それに沖縄問題にしぼられていた。日ソについては領土問題がからんで、平和条約の締結はタナ上げ状態になっているが、その領土問題が急に打開されるような情勢ではない。中国、北朝鮮という対共産圏の問題で、反共主義者の権化というか代表格の佐藤が、それらの正常化に本腰を入れるという予測は、まず皆無といってよかった。

佐藤は、池田の後継として最初の内閣を組閣した際の記者会見で、中国問題について「二つの政権(北京、台北)が〝中国は一つ〟といっている、このような状態が変わらないかぎり、いまの状態(国府の承認)を続けるしかない」と述べたが、ここで〝一つの中国〟という場合、北京に重点を置くか、あるいは台北に重点を置くのかといえば、心情的に後者に傾いていたことは明白であった。

国連の中国代表権問題

そのことを如実に示したのが、国連の中国代表権問題への対処の仕方であった。中国代表権を国府(台湾)から中国大陸を完全に支配した中華人民共和国へ移すべしという国際世論は、共産圏のみならず、多数の非同盟諸国(とくに、アジア、アフリカの)も加わって、年々、増大の一途をたどった。にもかかわらず、国府を承認している手前、佐藤は常に重要事項指定方式(代表権の変更は、加盟国の三分の二以上の議決を要する)の旗ふり役を買って出て、北京の加盟阻止に全力をあげた。

しかし、一九七一年秋の総会では、非同盟諸国に派遣している大使を総動員して、なりふりかまわぬ多数派工作を繰り広げたにもかかわらず、ついに〝刀折れ矢尽きる〟形で惨敗を喫してしまう。この時、米国は表向きは日本に同調しながら、採決目前というのにニクソン訪中の準備のためのキッシンジャー補佐官の訪中を突然発表(ニクソン・ショック)して、北京加盟への雪崩に手を貸すという、まさに日本からみれば一種の〝裏切り〟行為を平然とやってのけた。これにより、日本は単に負けただけでなく、国際的孤立のイメージを一層際立たせる結果となった。

このあと、佐藤は「日中正常化はかねてからの念願であった。国連の動向は十分ふまえて今後の方針を決めていきたい」という手の平を返したようなコメントを出したが、これについては「引退を前にして、いまさら何をいうか」という嘲笑が与党内からも聞かれ、ポスト佐藤でも「これで、福田(外相)の目は消えたね」という観測が出たほどであった。

このように、内政・外交全般にわたる諸問題を検証してみると、佐藤が政権担当の前後から、自らの名誉獲得のすべてを沖縄の施政権返還に託した背景がよくわかる。極言すれば、沖縄問題に突き進む以外の選択肢は見当たらなかったのである。だからといって、佐藤に、この問題を実現するための明確な手立てが用意されていたわけではない。まさに、取り組もうとする時点では、暗中模索の状態であったといえよう。

2　ベトナム戦争と沖縄返還

沖縄の施政権返還問題に終始つきまとったのが、ベトナム戦争との関連である。

圧倒的に強い返還反対論

ベトナム戦争と返還は、まさに切っても切れない関係でからみ合った。戦争の本格化（一九六五年米軍の北爆開始）により沖縄は最大の前進基地と化し、祖国復帰運動も反戦・反基地の性格を帯びながら日に日に高まっていった。そして一方の米国はといえば、この前進基地の機能を維持するという至上目的のために、現地の祖国復帰への願いにある程度反応せざるを得なくなる。いわば、沖縄の返還は〝戦争反対〟と〝戦争遂行〟という相互に矛盾した力学が寄り合って動き出すのである。

佐藤は一九六四年一一月、急な病いに倒れた池田の指名を受けて自民党総裁を継ぎ、念願の佐藤内閣を樹立した。すでに大野はこの世を去り、池田の後継争いは佐藤と河野の二人にしぼられた感があったが、調整役の川島（副総裁）と三木（幹事長）は池田に〝裁定〟させる形で佐藤を指名した（その河野も、翌年、池田の死を待たずに急死する）。

佐藤は年が明けるや否やワシントンに飛び、ジョンソン大統領に沖縄返還をもちかける。しかし、ジョンソンは北爆開始を前に、ベトナム戦争で頭がいっぱいの時だけに佐藤の話を親身になって聞き入れるような余裕はなかった。だから佐藤が「沖縄における米国の軍事施設が極東の安全のために重要であることを認めた」（日米共同声明）と、まず沖縄の米軍基地機能の原則的維持を誓い、「施政権ができるだけ早く日本に返還されるようにとの願望を表明」（同）したにもかかわらず、大統領は「自由世界の安全保障上の利益がそのような願望の実現を許す日を待望している」（同）としか答えず、そんな話はベトナム戦争が片づいてからしようではないかといった調子で、あっさりとかわされてしまった。

米政府内には、一九五八年、沖縄人民党の瀬長亀次郎・那覇市長を追放したにもかかわらず、その後任に再び同じ政治的立場の兼次佐一《かねしさいち》が当選するという衝撃的な事件をきっかけに、沖縄の施政権返還問題が検討の対象に取り上げられるようにはなっていたが、まだまだ国防総省および軍部による返還反対論が圧倒的に強かったのである。

佐藤首相の沖縄訪問

佐藤が次に打った手は、戦後初の首相による沖縄訪問であった。一九六五年八月一九日から三日間の予定で那覇空港に降り立った佐藤は、「沖縄の祖国復帰が実現しないかぎり、わが国にとって戦後が終わっていないことをよく承知している」という一躍有名になったあのスピーチを、出迎えた多くの沖縄住民に胸を張って告げたのである。

しかし、この時すでに米国は北爆を本格化し、当時、〝死の鳥〟と呼ばれたB52爆撃機も、一九六五年七月に〝台風避難〟を理由に沖縄に飛来し、六八年からの〝常駐〟への道筋をつけた。これについて佐藤内閣は「ベトナム問題は極東の安全に重大な脅威を与えるものであり、B52の沖縄発進は日米安保条約に違反するものではない」と声明し、これは日米安保にいう「配置における重要な変更」(「岸・ハーター交換公文」)にあたるので協議の要あり、とする意見に対しても「常駐でないから配置の重大変更にはあたらない。だから、今後とも飛来中止は申し入れない」と言明した。

こうした緊迫した情勢下に行われた佐藤の沖縄訪問は、果たしてどのように迎えられたのか。佐藤訪問の直前に「佐藤総理に対する祖国復帰要求県民大会」が準備され、当初は復帰協を中心に、大勢は歓迎の方向にあった。ところが、佐藤がそのスピーチでベトナム問題や米軍基地問題になんら触れようとしなかったことから、訪問当日の一九日夜になって事態は一変する。もともと迎える側は、歓迎派、非歓迎派、阻止派の三派に分裂していたが、その夜から、非歓迎、阻止の二派が主導権を握り、保守陣営の歓迎派ははずされてしまった。二派のうち、とくに学生、教職員、労働者を中心とした阻止派は激しいデモを繰り広げ、このため佐藤の宿舎は変更され、日程の一部も停止を余儀なくされるに至った。当時の新聞は「こんどの訪問は住民を刺激しただけで逆効果に終わった」とする米側見解を紹介している。

ライシャワーの勧告

そうはいっても、佐藤の訪問を機に、沖縄の施政権返還がわが国にとって最重要の外交課題であることが認知されたことも、また事実であった。米政府内でも、すでにライシャワー駐日大使は、佐藤訪問の前に、ラスク国務長官に対し、ベトナム戦争をめぐる沖縄現地との亀裂を修復するためにも、施政権返還を早急に検討すべしと勧告していたが、我部《がべ》政明・琉球大学教授がその著『沖縄返還とは何だったのか——日米戦後交渉史の中で』(NHKブックス、二〇〇〇年)などで指摘しているように、この勧告を受けて、翌一九六六年になると、米国務・国防両省の統合チームが結成され、沖縄問題の研究に入った。

ここでも両省間の開きを埋めるまでには至らなかったが、ただ仮に施政権返還を認めるにしても、米軍基地の〝自由使用〟だけは絶対的な前提条件であるという点では意見が一致し、大平がかつて懸念していた〝自由使用〟論が次第に浮上しはじめたのである。

極秘ルート

一九六七年になると、沖縄返還はいよいよ予備交渉の段階に入る。一月には、ライシャワー前駐日大使が米上院外交委員会で証言し、一方、日本国内では二月に下田(武三)外務事務次官の「米軍基地の自由使用を認めるかどうかの具体策を打ち出すことが返還問題の前提」という趣旨の発言が注目され、論議を呼んだ。しかし、外務省が非公式に対米折衝に入ったのは、同年一一月の佐藤訪米の日程が具体化しはじめた夏の頃であった。

そして、秋の気配が漂いはじめた九月末に、その後の沖縄交渉の進展に決定的ともいえる役割をになうことになる極秘のルートがスタートを切る。このことは、当の二、三人を除いてメディアのだれ一人知らず、外務省を含む政府内部でも恐らくだれ一人知っていなかったはずだ。ここで、闇の〝仕掛人〟として関与してくるのが、役人でも民間人でもない、驚くなかれ、与党、自民党をあずかる福田(赳夫)幹事長であった。

その福田が〝隠密〟として佐藤に推挙した人物こそが若泉敬であった。福田は、かねてから政治思想、とくに外交、安全保障論での〝共鳴〟が縁で若泉とは〝昵懇《じっこん》〟の仲だったが、その時、迷うことなく彼を選んだのは、その若泉が米国のシンクタンクに在職した頃から数多くの学者や外交関係者の友人をもち、ホワイトハウスに食い込むには絶好のポジションにいたことを知っていたからである。

福田がなぜこの隠密行動を仕掛けたかは改めて論述するが、その前に、佐藤内閣成立と共に一挙に台頭した福田という政治家の素顔を語っておこう。

福田赳夫と池田勇人

一高―東大―大蔵省という超エリート・コースをたどった典型的な秀才、福田は大蔵省入省後も、銀行局、主計局という主流に属し、果ては大蔵事務次官心得といわれた栄光の主計局長に就任した。最高権力めざして「ロイヤル・ロード(最短の道)をひた走りに走る」という形容は、まさに、この福田にピッタリの賛辞といっても過言ではなかった。しかし、福田は昭電(昭和電工)疑獄(一九四八年)にひっかかって、一時、挫折する。

その間に、少し先輩の池田は、第一次吉田内閣の石橋(湛山)蔵相の信任を得て〝傍流〟の主税局長から大蔵事務次官に抜擢され、やがて政界入りすると、こんどは官僚好みの吉田首相に目をかけられて、〝陣笠〟の時期に、一躍、大蔵大臣の的を射るという、まさに〝三段飛び〟の出世をやってのけた。さらに、サンフランシスコの対日講和条約の全権委員となって、政治家として将来を保証されるようになった。

一方、疑獄で無罪となって政界入りし、岸派に身を投じた福田が、この池田の栄達を見て快く思わなかったことは、同じ省の出身だけに当然の成り行きでもあった。福田にしてみれば、〝傍流〟の池田の出世は、単に運に恵まれたとしか映らなかった。彼は「党風刷新連盟」をつくって、池田の〝派閥均衡政治〟を糾弾し、経済政策では「安定成長論」の立場から高度経済成長政策を徹底的に攻撃した。

　彼の党内基盤は、すでに岸内閣末期に農相をつとめ、岸退陣後も同派の一部をもらい受けるなどして、一勢力を持つようにはなっていた。しかし、その戦いぶりは、党内の多くの議員からは「数万の混成大旅団に向けて数百人の中隊が突入するようなもの」(当時の党役員)と評され、〝派閥解消〟を叫ぶ〝派閥〟とも揶揄《やゆ》される始末だった。それでも、大勢に臆することなくその執念を貫くあたりに福田の面目躍如たるものがあり、超エリートにもかかわらず、ごく普通の庶民の味も出す独特の個性とあいまって、福田に魅力を感じる分子もかなり出るようになっていた。

都庁赤旗論

　福田幹事長(佐藤内閣)当時、私は、後輩記者(斎藤明・毎日新聞社元会長)と共に、福田が懇意にしていた大衆作家、川内康範との私的な会食に招かれたことがあるが、その時の川内の福田への心酔ぶりは、いまでも記憶に残っている。

　また、福田で忘れられない特色の一つは、〝ワン・フレーズ〟のアピールを駆使したことだ。池田政治を〝昭和元禄調〟と断じたのは、その典型だ(福田門下の小泉純一郎・前首相もワン・フレーズを得意としたが、ひょっとすると福田の流れを引いているのかもしれない)。そのことが高じて、時には失敗することもあった。

自民党は東京都知事選(一九六七年四月)で松下正寿・立教大学総長を立てて革新系の美濃部亮吉候補に惨敗したことがある。その時の選対本部長が幹事長の福田だった。彼は「都庁に赤旗が立つのを防ごう」といういわゆる〝都庁赤旗論〟を前面に押し出して、イデオロギー色の強い選挙戦を展開した。しかし、結果は予想以上の大敗であった。都民が求めていたものは、そんな現実離れしたイデオロギーではなく、生活に直結した都市政策だった。

敗北の夜、福田邸での自民党記者クラブ(平河クラブ)との〝懇談〟で、福田は「あれだけ一生懸命やったのに、党内には、おれの足をひっぱる連中がいる」とぼやくだけで、自ら敗因を語ろうとはしなかった。記者連中はといえば、例によって黙々と聞き入っているだけ。私はたまらなくなって口火を切った。「幹事長!! 都庁赤旗論のようなスローガンで勝てると思っていたのですか。都民はそんなもの見向きもしなかった。彼らの意識との間には、すごいギャップがあった。あなたはその責任を感じていないのですか」と、ののしるような調子で追及した。結局、座は白けて、その夜の懇談はそこでお開きとなった。翌日、私は少し度が過ぎたと感じたので、国会内での定例記者会見のあと、福田に「昨夜は、失礼しました」と頭を下げた。これに対し、福田は、「こっちは、何とも思っちゃあいないよ」とニコニコ顔で答えた。福田には、このような〝一本調子〟なところがあった。

佐藤と福田

池田三選(一九六四年七月)の頃、いまだオリンピック景気は続き、その年六月の輸出統計を見ても記録的な好調を示し、五月の雇用人口も四八二五万と前年比七三万人も増加していた。それでも、福田は池田政治を〝無責任、無気力の元禄調〟と断定し、「〝寛容と忍耐〟に名を借りて当然なさねばならぬ大事なことがほとんど回避されている……。物価と国際収支は空前の困難に直面し、また国民各層に格差感が植えつけられつつある。……ここまで日本経済を持ち込んだ原因は国民消費の伸び過ぎにあり、消費過剰にある。……高度成長思想の清算から出直さなければならない」(福田の池田三選反対の弁、「毎日」一九六四年七月七日付)と攻撃の手を緩めなかった。

ともかく、福田は佐藤のために奮迅の活躍をする。佐藤は、この総裁選で藤山票も含めて池田をわずか五票差まで追いつめ、次期総裁への地歩を固め、同時に、佐藤―福田の親密な関係も〝反池田〟という共通目標ができたことにより急速に進み、以来、福田派は佐藤の有力な別働隊となる。

なぜ秘密外交か

話はもとに戻るが、福田はなぜ、国の正式な外交機関である外務省をはずした別個の秘密外交を佐藤に進言し、それを実行させたのであろうか。国にとって何十年に一度あるかないかの重大な交渉ごとについて、正規の出先どうしではなかなか話が進まないので、コネのある人物を相手方の総本部にひそかに遣わし、味方をもだまし、だましながら目的を達しようというのである。よほどの事情がないかぎり、ちょっとやそっとでできることではない。

まず、一九六七年夏からはじまったわが外務省と米国務省との間の沖縄問題についての折衝の詳細を知ることのできる資料はなかなか見当たらないが、その点で貴重な資料といえる若泉の遺著によると、基本問題についての日米間の考え方の違いは、かなりのものがあり、日本側が希望する返還時期のメドづけに米側が簡単に応じるような情勢ではなかったという。つまり、ベトナム戦争など極めて困難なアジア情勢を背景に、米側が沖縄基地の態様や日本の政治責任についての見解を厳しく問い質したのに対し、日本側は佐藤の慎重な方針もあって、それらについてなんら明確な回答を示すことができなかったのである。

福田は田中を強く意識

佐藤が政治生命をかけた沖縄問題が成功するかどうかは、佐藤に直結してポスト佐藤をうかがう有力な候補にのし上がった福田にとっても死活の問題であった。

若泉は幹事長の福田が動き出したのは、佐藤後継の対抗格の三木（外相）を意識した上でのことではなかったのか、と次のように書いている。「三木外相が九月訪米で沖縄問題に関してアメリカ政府の好意的反応を引き出すのに失敗したあとで、福田氏としては、事柄自体の重要性の認識に加えて、ここで自ら乗り出して首相を補佐し得点を重ねておくことが望ましく、また必要でもあったのではないかと思われる」。

しかし、私はこの見方をとらない。福田が強く意識していたのは、〝反主流〟の三木ではなく、ほかならぬ佐藤派最高幹部の田中角栄であった。福田は池田内閣では徹底的に干されたが、田中は、政調会長のあと最重要ポストの蔵相を最後までつとめ上げ、盟友で外相となった大平と田中—大平ラインを形成するなど、すでに地位、実績両面で福田を大きく引き離していた。佐藤内閣になっても、福田に幹事長のバトンを渡したのは田中であった。大平は田中を〝奇才〟と呼び、派閥の面でも、もはや最高幹部は卒業して、佐藤とほぼ並ぶ「共同経営者」に昇格したとみなしていたほどである。

党内情勢と福田の心理

さらに、福田にとって頭痛のタネは、田中と宏池会（旧池田派）の提携関係であった。その宏池会は、会長の前尾の健康が優れないこともあって、ナンバー2の大平との間にミゾが生じはじめていた。

私は箱根での研修会のあと宿舎まで前尾の車に同乗した際、「前尾さん、どうしても総理になりたいですか」と聞いた。すると、前尾は酒に酔っていたせいもあろうが、「三日間でもやりたいよ」と叫び声を上げ〝哲人〟政治家でも権力に近づけば、内心はこんなものなのかと驚き入ったことがある。この時、大平はすでに「いつまで続くぬかるみぞ」といって独自の道を歩きはじめていたのである。

佐藤〝三選〟(一九六八年一一月)時に立候補した前尾が三木に敗れて三位に転落した背後には、こうした派内事情があった。まもなく前尾は大平にバトンタッチしたが、だからといって同派にポスト佐藤をただちに狙うようなエネルギーはなかった。ということは、もし田中が佐藤派のほとんどを率いて立候補すれば、宏池会は当然、田中支持に回ることになる。これは、もう天下を動かす決定的な勢力である。思想的にも系譜的にも大いに異なる三木が福田を支持する保証はどこにもなく、また、選挙区でライバル関係の中曽根(旧河野派)の支持は、まず絶望的である。私は、福田が幹事長当時、密かに大平を呼び、入閣か党三役入りを持ちかけ、それによって、大平が政調会長に就任したいきさつを知っているが、そこにも福田の〝あせり〟を読み取ることができた。

このような党内情勢により、福田はますます佐藤の手腕、影響力、業績への依存度を高めていく。こうした政局判断の甘さは後になって証明されるのだが、少なくとも沖縄返還の予備交渉がはじまった時点での福田の心理は、この交渉に最大限貢献し、その成果をポスト佐藤への自らの地歩拡大につなげたいというものであったに違いない。

ともかく、福田の若泉への依頼をきっかけに前代未聞の〝秘密外交〟がはじまった。その前に、佐藤は二度にわたって東南アジア諸国を歴訪し、最後に戦火の南ベトナムを訪問(吉田茂の死により日程は短縮)して、各種の援助を約束した。これも、来るべき日米会談に備えての地ならし工作以外のなにものでもなかった。

ロストウの救いの手

一九六五年に次ぐ六七年の二度目の日米首脳会談の最大の焦点は、米側が沖縄返還について前回よりどれだけの〝上積み〟を認めるかにあった。この点で、佐藤は若泉に対し、「二、三年内に返還時期を決められるよう、なんとか頼みこんでくれ」と、この時ばかりは腰を低くして懇願したという(若泉、前掲書)。しかし、依然、米国を取り囲む情勢はきびしく、それどころか、ますます悪化の一途をたどっていた。北爆を受けて〝徹底抗戦〟をかかげる北側の姿勢に、なんら軟化の兆しはなかった。ベトナム反戦の運動は、米国内でも燎原の火のような拡がりを見せていた。外務事務当局内には、楽観論は少なく、〝継続協議〟をとりつけるのが精一杯の成果ではないかという見通しが強まり、そのような共同声明の準備に入っていたという(若泉、前掲書)。

ここで救いの手を差しのべてくれたのが、若泉が唯一、頼りとするロストウ大統領特別補佐官(安全保障担当)であった。彼の提案を要約すれば、まず第一に、佐藤が共同声明やナショナル・プレスクラブのスピーチを通じて、アメリカのベトナム戦争について徹底的支持を表明すること、次にこれに関連して、南ベトナムをはじめとした東南アジア諸国への各種援助(医療を含む)を大幅に拡充する方針を打ち出すこと、さらに米国の財政赤字が減少するような諸施策の実施を日本側が積極的に検討することなどであった。

重大な外交政策について、米国では国務省よりはホワイトハウスが最終的決定権を握り、福田も若泉からの情報で、そのことを十分知っていたからこそ、ホワイトハウスに近づくことのできる若泉を選んだのだが、ロストウは、その中で、ジョンソン大統領の最も信頼する有能な補佐官であった。こうして、若泉はロストウの勧告を佐藤に伝え、その方向で準備が進められた。

佐藤の対米支持演説

佐藤はナショナル・プレスクラブの演説で次のように述べ、ロストウの期待に最大限、応えた。

「米国は、南ベトナムを外部の干渉から守るため長期にわたって多数の人命を犠牲にし、巨額の戦費を費やしております。また、その一方、ジョンソン大統領が最近サンアントニオで指摘されたとおり、米国政府は平和のためならいつでも、どこにおいても北側と無条件に話し合う用意があることを明らかにしており、紛争の平和的解決に対して、意欲的、かつ建設的立場をとり続けております。私は、今回のアジア諸国歴訪を通じて米国のベトナムにおけるこのような努力がよく理解され、正当な評価を受けていることを痛感しました。現在の状態で米国がアジアに対する関心を失えば、アジアの平和と安定のみならず、世界の将来に重大な影響を及ぼすことになることが、よく理解されているのであります。また私は南ベトナム訪問に際し、選挙によって選ばれた新しい指導者が真剣に平和を求めている姿を知り、心強く感じました。」

米国内を含む世界の世論の大勢が反米に向け怒濤のような勢いを見せはじめていた時だけに、このスピーチは一般には極めて異色のものと映ったであろう。しかし、それだけに逆にホワイトハウスの喜びようは大変なものだった。〝継続協議〟を考えていた外務当局の頭を跳び越えて、問題の返還時期の合意につき、〝両三年内〟の字句が声明に織りこまれることになったのである。

「大きな効果」　若泉は、前掲の著作の中で、「アメリカのベトナム政策への佐藤総理の支持表明が、かくも大きな効果を及ぼすとは事前にはとても考えられなかった。これもすなわち、当時のジョンソン大統領をはじめとする米政府首脳の苦悩の深さの裏返しであったのだろう」と振り返り、「ベトナム戦争そのものへの歴史的かつ本質的な考察と懐疑は別として、当時の私は、それは日本の〝成果〟に対する已むを得ざる最小限度の〝代償〟である、と理解していた」と自らのとった行動を正当化した。しかし、これは、まだ返還時期に一応のメドをつけただけの予備交渉であり、本格交渉の前途がまったく予測できない情勢になんら変わりはなかった。

3　ジョンソンからニクソンへ

ジョンソンの演説

第二回の佐藤・ジョンソン首脳会談から四ヵ月半しかたっていない翌一九六八年の三月三一日(アメリカ時間)、突如、世界を震撼させる事件が起こった。ジョンソンが米国の一方的な北爆停止、北ベトナムに対する和平交渉の呼びかけ、次期大統領選への不出馬——を内容とする重要演説を行ったのだ。これにより、日米の沖縄問題も小休止の状態に入る。このジョンソンの政策転換に対する北ベトナム側の対応が注目されたが、ホーチミンは依然、山の如く動かず、南ベトナム解放民族戦線の活動は、なんら衰えることはなかった。後にニクソン政権は、こうした動きに業を煮やし、一時的ではあれ、再び強硬路線に戻るのだが、北側は南ベトナム政府という〃傀儡《かいらい》〃政権の存続を前提とした話し合いには一切、入ろうとしなかった。

独立を取り戻すまで

余談になるが、私はかつて大学院(慶應)で国際政治を専攻した。その一環として、ベトナムの植民地民族革命を研究したことがある。その論文の結びの部分で、私は「ホーチミンの指揮するベトミン（ベトナム独立同盟会）は無政府状態（日本の敗北にともなう）に乗じて、ベトナム全域を支配することができた。一九四五年八月二九日、ホーチミンはベトナム民主共和国臨時政府を組織し、九月二日、ハノイ市でベトナムの独立と民主共和国の樹立を宣言した」と書いている。つまり、六〇年余り前、すでにベトナムは独立国家として出発しようとしていたのである。しかし、この国家はその後、中国（国府）とイギリスによる分割占領を経て、フランスの植民地奪回のための侵攻、さらにそれに続くアメリカの軍事介入など、ベトナムの歴史的・社会的現実をまったく無視した、まさにE・H・カーの説く〝時代精神〟なるものにまったく逆行した動きに立ち向かわざるをえなくなり、結局、その独立を取り戻すまでに三〇年もの長い年月を必要としたのであった。その間に払われた犠牲は、いまのイラク戦争の比ではなく、その後遺症はいまなお続いている。

　私は、一九七五年四月に南ベトナム政府が崩壊し、アメリカ人がサイゴン空港から最後の飛行機に飛び乗って逃げていく、あのあわれな姿を映像で見て、教条主義・一国主義にとりつかれたアメリカの政治指導者の無能ぶりを垣間見る思いがした。イラクでフセインを裁くのなら、ベトナム戦争を指揮したアメリカの指導者もまた、裁かれて然るべきであった。そして、そのアメリカを沖縄返還の代償を口実にいまのイラク戦争同様、全面的にバックアップした日本の指導者たちも歴史における検証の場に立たせなくてはならない。

ともかく、さきのジョンソンの重要演説にもかかわらず、ベトナム戦争は実に七年後の一九七五年まで続く。

B52爆発と反基地運動

返還問題で〝踊り場〟に立った沖縄でまず注目されたのは、一九六八年一一月に初の琉球政府主席の公選が実施され、革新系の屋良朝苗《やらちょうびょう》が、米民政府の推す保守系の西銘《にしめ》順治を破って当選したことである。米民政府も、一連の祖国復帰運動の流れの中で、この公選を承認せざるを得ず、これにより沖縄の自治権拡大は大きく前進した。

そして皮肉にも、反基地、反安保、即時返還を標榜する屋良が当選して間もない一一月一九日の早朝、突如米軍の嘉手納空軍基地の方角から大音響が轟きわたり、キノコ雲のような炎が立ちのぼった。周囲の民家の何軒かの窓ガラスは粉々に飛び散り、住民たちは戦争が起こったのかとばかり、右往左往の大騒ぎとなった。すでに二月から編隊規模で常駐するようになっていたB52が、爆弾を積んでベトナムに向け発進しようとする寸前、大爆発を起こし、炎上したのである。

この炎上が〝のろし〟となって、翌六九年一月六日、「いのちを守る県民共闘」で一〇万人動員の公共機能二四時間ストップのゼネスト決行が決議される。この決行は、屋良主席の懸命の対米折衝と説得工作により、なんとか回避されたが、Ｂ52の常駐が実際に解除されたのは、アメリカがベトナムからの本格的撤退を声明した七〇年九月以降のことだった。しかし、こうした激しい住民運動は、「基地を維持するためには、施政権返還を早急に認めるほかはない」とする米国務省の考えに一層拍車をかけ、国防総省、軍部内においても、基地機能の全面的維持という条件付きながら、国務省の方針にしだいに同調する動きを加速させたのである。

「険悪なレベル」

米外交秘密文書の中で、沖縄返還問題全体を綿密に調べ、最も体系的に検証している「沖縄返還――省庁間調整のケース・スタディ」(一九七二年に国務省内で作成された研究報告書。沖縄県公文書館所蔵。以下「ケース・スタディ」と略称)の第三章「決定の年――一九六九年」においても、冒頭で次のように記述している。

「一九六九年初頭に発足したニクソン政権は、選挙の後までジョンソン政権によって延期されていた沖縄返還について決定を下す必要性に直面していた。沖縄問題と日米関係について取り組む必要性は、米国の中で広く認識されていた。また、佐藤首相は沖縄問題の解決に彼の政治生命を賭けただけではなく、沖縄の問題はＢ52爆撃機の存在に対するゼネラル・ストライキの可能性を含め、険悪なレベルに達していた。六九年一月までに、米政府内においては、沖縄だけでなく、日本本土で利用可能な米国軍事施設の使用を最大限にするため、沖縄返還への合意が必要であるとの強いコンセンサスがすでに形成されていた。」

こうして、ジョンソンからニクソンへの政権移行にともない、沖縄返還は、いよいよ本格交渉の段階に入る。その際、日本側にとって期待の持てる要因の一つは、ニクソンがかなりの知日派というか日本に縁のある人物であったという点だ。佐藤の兄の岸は、アイゼンハワー元大統領当時の副大統領だったニクソンとはつき合いがあり、またニクソンも大統領選でケネディに敗れた後、たびたび来日し、佐藤とも面識があった。だから、岸は間もなく、佐藤の特使として訪米することになる。

統一できぬ基本方針

問題は、交渉の段どりにはだんだんメドがつくとしても、基本的な交渉方針についての日本側の意思統一は、まったくといってよいほどできていなかったという点である。それは佐藤の自民党総裁〝三選〟時(一九六八年一一月)に一挙に表面化した。

総裁選に立候補した三木は、沖縄問題について、いわゆる〝本土並み〟を強く主張した。すなわち、沖縄の米軍の行動については日米安保条約の「事前協議」を厳格に適用して、米側の求める完全な「自由使用」には歯止めをかけるべきだというのだ。それに対し、佐藤は、「認識不足も甚だしい」と気色ばんだ調子で反論した——「沖縄の同胞が、果たして三木君のいうような本土並みを望んでいるかどうか、いまから断定はできない」（〝三選〟立候補時の記者会見）。

佐藤は米側の厳しい要求を想定して、この時点ではまだ態度を決めかねていたのだ。〝核付き自由使用〟か、〝核抜き自由使用〟か、それとも〝核抜き本土並み〟か――いずれにせよ、白紙に墨を入れなければならない時は刻々と近づいてくる。

佐藤が基本的な取組み方でなかなか踏ん切りがつかなかったのは、新しく発足したニクソン政権が沖縄問題でどう出てくるかの正確な情報をつかみきれていなかったせいもある。私は、さきに「ケース・スタディ」を引用してジョンソンからニクソンへの移行の過程で米側が前向きの姿勢を固めていった点にふれたが、それは後になっての研究資料に基づいたものであり、当時の佐藤としては、果たしてニクソンがジョンソンの約束、すなわち〝両三年内〟の返還期日の決定をそのまま踏襲した上で交渉に臨んでくるかどうかは、まさに夜も眠れないほど気になるところであったろう。

もう一人の密使

ここで、若泉とは別に、もう一人の密使が登場する。しかも、その人物は、よりによって若泉と同じ京都産業大学教授の高瀬保であった（意外なことに、二人の間につき合いらしいものはなかった）。彼もアメリカでの研究生活が長く、ニクソン新政権内の有力な側近たち、とくに外交顧問のリチャード・アレンとのつながりを持っていた。駐米日本大使館という正式ルートを使わず、密使を放っては秘密の裏工作をやることが好きな佐藤のやり口については、当時、駐米公使で、そのあと本省のアメリカ局長として沖縄返還協定の仕上げにたずさわった吉野文六も、その「吉野文六　オーラルヒストリー」（政策研究大学院大学、二〇〇三年）の中で激しく批判している。しかし、佐藤は、いつものクセで若泉同様、こんどは高瀬を使って情報を蒐集する。

高瀬はその著『誰も書かなかった首脳外交の内幕』（東洋経済新報社、一九九一年）の中で、当時を振り返って次のように書いている。

「一九六八年一一月一五日、私は佐藤首相の特命を受けて東京を飛び立った。……東京を出発する直前に、佐藤首相と私との間で打ち合わせがあった。もしニクソン新大統領が佐藤・ジョンソン会談の合意を承認しなかったらどうするかがいちばん大きな問題になったが、佐藤首相の決断は、〝日本側が譲歩しよう。核付き、基地の自由使用まで後退しよう。その腹づもりで会ってきてほしい〟とのことだった。一民間人の私に、佐藤首相はそういう譲歩の線まで示して、ニューヨーク行きを指示したのだった。

しかし、譲歩案を知った賀屋《かや》興宣《おきのり》氏（当時、佐藤首相の私的外交顧問）が反対した。賀屋氏の意見は次のとおりである。〝日米安保条約を沖縄にも本土並みで適用しないと、今後日本国内で大変な政治的問題になる。だから、アメリカの政権が変わったからといって、ここで日本側から譲歩案を出してはならない。当初案どおり核抜き、本土並みで押し通せ〟。……

賀屋氏は、すぐこの意見を佐藤首相に強く進言し、佐藤首相もこれを受け容れた。そして、京都産業大学で授業中の私を電話で呼び出し、譲歩案を示せというのは取り消す、あくまでも核抜き、本土並みの線で確認（両三年内の――引用者注）をとってこい、もしニクソンがノーと言ったらそのまま帰国せよと伝えてきた。」

しかし、「譲歩案まで考えていた佐藤首相の心配は杞憂に終わり、〝両三年内に〟メドをつけるという佐藤・ジョンソン会談の線は、新大統領が就任式前のまだ組閣中というきわめて早い段階で、確認されたしだいである」。

この高瀬の回想からもわかるように、佐藤の心境は揺れに揺れていたのである。

〝核抜き本土並み〟の方針

一方、一九六九年一月に打ち合わせのため帰国した下田（武三）駐米大使は、記者会見などで、依然、核および基地についての米側の固い姿勢を伝え、こうした報告の影響を受けたせいか、あるいは首相の了解の下、米側の具体的方針を打診するためか、いずれにせよ、そうした配慮の上で、愛知（揆一）外相が米側に注目すべき案を示唆した。すなわち暫定自由使用案である。

これについて「ケース・スタディ」は、「一九六九年の早い段階で佐藤首相と愛知外相は、……束縛のない基地の使用権利を米国が一時的に保持することとなるような、何らかの沖縄の移行状態に日本政府が同意することに含みを残すような声明を出した」とし、さらに、「一月一一日、愛知外相はジョンソン駐日大使に対し、米側が〝本土並み〟を受入れるのなら、核の貯蔵と基地の自由使用の一時的権利を認める用意がある」ことを示唆したと記述している。しかし、この案は、ジョンソン大使が「果たしてやり通せるか疑問だ」(「ケース・スタディ」)と予測していたように、そのうちに自然消滅してしまう。

そして、米側は、三月に至るまでの間に佐藤首相の意向が紆余曲折をたどったあげく、当初、彼が頭に描いていた〝核抜き本土並み〟の線に帰着したことを知らされる(「ケース・スタディ」は〝暗くなってきた〟と解説)。この方針は、若泉などを通じて、米側の底のまた底の考え方をギリギリまでキャッチした上で決断したとも見られているが、佐藤はすでに下田の帰国時に極秘裡に、この基本方針を伝えた(若泉、前掲書)ともいわれている。

このような経過の後、それまで表向きは核を含む沖縄の米軍基地の態様について〝白紙〟の態度を取り続けてきた佐藤は、一転、三月一〇日の参院予算委員会で、沖縄返還は〝核抜き本土並み〟を基本方針とすることを明らかにする。この問題の公式発言は、これがはじめてである。

米側の思惑を語る秘密文書

同じく、ニクソン新政権は、ジョンソン・佐藤合意を継承して、一九六九年の年明けから沖縄返還問題の準備に入っていた。沖縄問題は、先述のようにベトナム問題と深くからみ合いながら進行するのだが、このベトナムに取り組む姿勢について、ニクソンはすでに六八年一一月四日の演説で、米国内を含め大勢が要求する〝米軍の即時撤兵〟には一切触れず、交渉の障害はあくまで話し合いを拒否する北の態度にあるとし、当面は南ベトナム政権の強化にともなう段階的・計画的撤退(「名誉ある撤退」)を検討するほかはないとの強硬方針を宣言した。したがって、沖縄基地の重要性についての認識は、ジョンソン前政権に勝るとも劣らぬものがあった。

ニクソンは、新たに組織した国家安全保障会議を招集し、沖縄返還に対する政策立案を指示した。同会議は一九六九年春から初夏にかけて、まず交渉にあたっての選択肢を並べた「メモランダム5号」を作成、ついで対日交渉の基本原則ともいうべき「メモランダム13号」を立案し、決定して準備を終えた(「ケース・スタディ」参照)。

米交渉団は、以後、この原則に基づいて全力を傾注することになったが、その前提として、同会議の日本担当官であるリチャード・B・フィンは「交渉戦略文書」(「ケース・スタディ」より)をまとめて提出した。この秘密文書は開示後もほとんど報道されていないので、この機会に紹介するが、われわれはその中に、米側の思惑を十分読み取ることができる。

《基本戦略文書》

米側が欲する主要な軍事的権利つまり核兵器および通常使用、ならびに財政および防衛義務などの日本によるコミットメントに照準を合わせる。我々の目的は、大統領と佐藤首相が十一月に会談するまでにこれらの了解を定式化し、合意を獲得することである。……日本との交渉に際して、我々が手にしている主要な切り札は次の三点である。

① 日本政府は、米国との間に深刻な摩擦を起こしてまで、返還問題について強行することを躊躇するだろう。

② 返還条件が日本国民の目から心地よいとされれば、日本の保守勢力とくに佐藤派にとっては、大きな政治的得点となるだろう。

③ 核兵器撤去の可能性について交渉の大詰めの段階で、前向きに検討する姿勢を米国が示すことは、駆け引き上、かなりのテコとなる。

一方、日本側も悪くない切り札を持っている。米国が日本との同盟関係を維持したいと願っていること、そして日本国内と沖縄からの返還要求圧力は強く、またその取り扱いには注意深さが必要であるということである。

この基本戦略に基づいて、次のような交渉戦術とタイムテーブル（日程）がつくり上げられた。

第一段階。七月に予定されている日米閣僚会議（日米貿易経済合同委員会）までの間、マイヤー駐日大使が東京において協議を重ねる。ここでは、日本側の立場について探りを入れること。米側の共同声明（一一月の佐藤・ニクソン会談の）草案を日本側へ提出する。その際、核兵器貯蔵に関する米国の見解（緊急時の持込みなど）は、一切、表に出さないこと。

第二段階。日米閣僚会議の際、ロジャーズ国務長官が財政取り決めを含む基地の自由使用などに重点を置いて探りを入れる。もし日本政府が核貯蔵に関し抵抗し続けるなら（返還時の核撤去）、九月の愛知訪米までに他のすべての問題を包括的に話し合うよう提案して、核問題は棚上げにする。

第三段階。九月の愛知訪米時のロジャーズ・愛知会談で、ほとんどすべての懸案について暫定的取り決めに達するよう努力する。もし核貯蔵について、日本側の主張が強固である場合は、その扱いは他の諸懸案の進展具合とにらみ合わせて検討する旨ロジャーズ国務長官から愛知外相に伝える。

最終段階。九月から一一月上旬にかけて、諸取り決めの草案、共同声明の草案について交渉し、両国首脳の最終承認を得ることができるまでに準備しておく。この時点で議会に対しても説明し、了解を得るよう努める。

このような米側の系統立った計画的なやり方に比べ、日本側のそれは、まさに対照的だった。外務、大蔵、そして密使の三者が相互の意思の疎通なく、それぞれの思惑の下、バラバラで交渉に臨んだ。若泉によると、当時、外務省の交渉の中心人物だった東郷(文彦)アメリカ局長(後の外務事務次官、駐米大使)は、別個のルートによる隠密行動の実態をまったく知らされていなかったという。米側がその〝切り札〟を有効に駆使できたのに対し、日本側は為すすべを知らないままに終わり、無残にも〝各個撃破〟されてしまうのである。

第2章　核持込みと基地の自由使用

―交渉とその帰結(1)―

“死の鳥”と呼ばれた戦略爆撃機B52は，日本復帰後も長く沖縄へ飛来した(嘉手納基地，1972年，琉球新報社提供)

1　明かされた核密約

「トップ・シークレット」

一九六九年一一月二一日、沖縄の〝七二年返還〟を決めた日米共同声明発表のあとのワシントンでの記者会見で、佐藤首相は突然、やや興奮した面持ちで「ニクソン大統領との間には、トップ・シークレットがある。ここで、それをいうわけにはいかない」と発言した。これを聞いた日本人記者団は、一様に「からかわれている」と感じたという。「淡島(佐藤邸)に特ダネなし」という定評ある秘密主義者の佐藤だったから、「トップ・シークレット」(極秘)の存在を正直に明かすことなど考えにくく、そのように受けとられるのが当然であった。ところが、その時、佐藤は珍しく真実を語っていたのである。念願の〝核抜き〟が共同声明第八項に盛り込まれたのが、よほど嬉しかったのだろうか、ついつい本当のことを口走ってしまったのだ。

佐藤が示唆した「トップ・シークレット」こそ、それから二五年たって若泉がその著『他策ナカリシヲ信ゼムト欲ス』で明らかにした「ニクソン米合衆国大統領と佐藤日本国総理大臣との間の共同声明についての合意議事録」(左上に〝極秘〟と記されてある)にほかならない。重要であるから、その合意議事録を改めて、ここに引用しておく。

米合衆国大統領

われわれの共同声明に述べてあるごとく、沖縄の施政権が実際に日本国に返還されるときまでに、沖縄からすべての核兵器を撤去することが米国政府の意図である。そして、それ以後においては、この共同声明に述べてあるごとく、米日間の相互協力及び安全保障条約、並びにこれに関連する諸取り決めが、沖縄に適用されることになる。

しかしながら、日本を含む極東諸国の防衛のため米国が負っている国際的義務を効果的に遂行するために、重大な緊急事態が生じた際には、米国政府は、日本国政府と事前協議を行なった上で、核兵器を沖縄に再び持ち込むこと、及び沖縄を通過する権利が認められることを必要とするであろう。かかる事前協議においては、米国政府は好意的回答を期待するものである。さらに、米国政府は、沖縄に現存する核兵器の貯蔵地、すなわち、嘉手納、那覇、辺野古、並びにナイキ・ハーキュリーズ基地を、何時でも使用できる状態に維持しておき、重大な緊急事態が生じた時には活用できることを必要とする。

日本国総理大臣

日本国政府は、大統領が述べた前記の重大な緊急事態が生じた際における米国政府の必要を理解して、かかる事前協議が行なわれた場合には、遅滞なくそれらの必要をみたすであろう。

大統領と総理大臣は、この合意議事録を二通作成し、一通ずつ大統領官邸と総理大臣官邸にのみ保管し、かつ、米合衆国大統領と日本国総理大臣との間でのみ最大の注意をもって、極秘裏に取り扱うべきものとする、ということに合意した。

一九六九年十一月二十一日

ワシントンDCにて

R・N・

E・S・

「万一漏れたりすると…」

佐藤はすでに、非核三原則（核兵器を持たず、作らず、持ち込ませず）を日本の国是とすることを内外に宣言していたが、それはあくまで政権浮揚のための建前であって、実際に考えていることは、そのようなものではなかった。

二〇〇一年に発見された米公文書により、佐藤が米高官（ジョンソン駐日大使ともいわれていた）に「非核なんてナンセンスだ」と述べていたことが発覚、これを知った『ノーベル平和賞　平和への百年』（ノーベル賞委員会の創設百周年記念出版）の著者の一人である歴史家のオイビン・ステネルセンが「佐藤にノーベル賞を与えたことはノーベル賞委員会の最大の誤り」と語って、大いに世間を騒がせたことがあった。

こうした事実に照らせば、佐藤が極秘の合意議事録に署名したとしても、別に驚くに値しない。しかし、若泉がその合意案の共同作成者であるキッシンジャー大統領補佐官に「この〝小部屋〟（署名のあったホワイトハウス内の一室）の文書はいかなる場合にも、門外不出にしてほしい……万一洩れたりすると、とてつもなく大変なことになる。われわれのせっかくの共通の歴史的事業が台無しになる危険性があることを知っておいてほしい」（若泉、前掲書）と厳しい注文をつけたように、そうした〝非常手段〟が仮に外部に漏れでもしようものなら、返還そのものが完全に吹っ飛んでしまうほどの重大事であったことだけは間違いない。

この密約については返還協定発効後、三〇年近くたって、朝日新聞記者が米国務省に対し、若泉が世に出した〝案文〟をつけて、それに該当する文書があるかないかの公開請求をしたところ「イエス」の回答があり（「朝日」二〇〇〇年一月六日付）、いまでは公然の秘密となっている。

交渉当時、キッシンジャーが「ロジャーズ（国務長官）にだけは、知らせてもいいか」と持ちかけ、若泉に「絶対ダメだ」と断わられたこのホワイトハウス内だけのトップ・シークレットが、なぜ国務省に回されていたのか、この辺は、いまだに謎とされているが、米軍用地復元補償（後述）の密約を米側が上院聴聞会で説明していたことからみても、米側と日本側のこの種の問題をめぐる受けとめ方は、かなり違っていたのではないかと推察される。

核持込みに関する草案

ともあれ、若泉は彼なりに、一種の〝使命感〟に近いものを持って、ことに当たろうとしていた。沖縄返還の焦点は〝核抜き〟であり、それを実現することが彼に課せられた至上命題であり、そのためには、それなりの〝代償〟も覚悟せねばならないと考えていた。

それまでの米側の反応からみて、事態は必ずしも楽観を許さなかった。例えば、ロジャーズは、一九六九年六月以来の愛知との本格的な折衝の場においても、核兵器の重要性についての軍部の強硬論を絶え間なく伝える一方、この問題は大統領専管事項であるとして、合意はおろか一切の話し合いに応じようとはしなかった。

このような厳しい雰囲気の中、若泉はまさしく誘いこまれるように、キッシンジャーとの秘密交渉に入った。それも、沖縄基地の態様や財政問題など重要案件がほぼ解決した一一月一〇日を過ぎてからのせっぱつまった時期からはじまった。こんどの交渉には、佐藤からの信任状もつけられていた。そして、この交渉で、核についての共同声明第八項の文言、あるいはニクソンが選挙にからむ南部戦略の上で重視した日米繊維問題の秘密覚書などと共に、緊急時の核持込みに関する秘密合意議事録の草案が作成されたのである。

核は緊急時の貯蔵に照準

ところで、日本側に厳しい代償を背負いこませた〝核抜き〟を米側は交渉上、どのように位置づけていたのであろうか。先述のように、米側の基本方針は、一九六九年五月二八日の国家安全保障会議で「メモランダム13号」として決定された。「13号」は次のようにいっている。

① われわれは、米軍の使用にとって必要不可欠な点に関して、一九六九年中に合意に達し、かつその時点までに細部の交渉が完了することを条件に、一九七二年の返還に同意する。

② 軍事基地の通常の使用が、特に朝鮮、台湾、ベトナムとの関連において最大限自由であることを希望する。

③ われわれは沖縄にある核兵器を保持したいと希望する。ただし、沖縄返還交渉の他の分野で満足のいく形で合意に達するならば、大統領は交渉の最終段階で、緊急時における核の貯

蔵と通過の権利を保持することを条件に核兵器の撤去を考慮する用意がある。

④ 沖縄に関する他の日本のコミットメント〔財政、経済、防衛など〕を追求する。

さらに、ここでの核の問題に関連して、付属文書でその交渉戦略を次のように記述している。

「日本側は核兵器に対して極めて敏感な国民感情を盾に、その返還時撤去を強く要求するだろう。米国は、核兵器が重要な軍事力であり、抑止効果があるとの見解を表明し続けるべきである。米国は、そのように主張し続けることによって、通常兵器の自由使用をめぐる駆け引きにおいて、有利な立場を獲得すべきである。核兵器については、最終的には、緊急時の貯蔵に照準をあてるべきである。」

七二年返還は絶対目標

この「メモランダム13号」の①の基本的なスケジュールは、交渉の主導権を握った上で、必ず望み通りの成果を上げてみせるという米側の自信の表われでもある。

①でいう七二年返還は、佐藤にとっては、それより先へは引き延ばすことのできない絶対的なターゲットである。佐藤はすでに一九六八年に総裁〝三選〟を果たしており、〝五選〟の可能性がまずあり得ない以上、七〇年の〝四選〟以降の二年間が最後の任期となるからだ。この〝四選〟を不動のものとするには、その前に予定されている総選挙に圧勝しなけ

ればならない。そのためにも〃核抜き〃を柱とした七二年返還の約束をどうしてもとりつけねばならなかったのである。

米側は、こうした〃受け身〃に立つ佐藤の〃弱み〃を知り尽くした上で、「もし七二年返還が欲しいのなら、われわれの要求をすべてのむべし」とする強硬方針を打ち出すことにしたのだ。核関連でいえば、③にあるように、米側の照準は、緊急時の核貯蔵であって、返還時の撤去は〃予定の行動〃であった。そして、この撤去は、米側がノドから手の出るほど欲しい「基地の自由使用」を獲得するための〃駆け引き〃材料として利用されたのである。もちろん、若泉がこの「13号」を知る由もなかった。彼もまた、密約の〃仕掛人〃かつ〃請負人〃として米側によって巧みに踊らされたともいえる。

〃核抜き〃を駆け引きに

米ソを対極とする核兵器による〃恐怖の均衡〃下にあって、日本は核抑止力を米国に依存した。にもかかわらず、佐藤は国内情勢に対応する意味で、あえて政策手段として〃米国依存〃とは矛盾しかねない非核三原則を採用した。この佐藤の立場からすれば、仮に沖縄交渉でその原則に反するような事態が起これば、当然、退陣を余儀なくされるだろう。だから日本側は、なによりもまず〃核抜き〃を交渉の最優先課題として持ち出してくるだろうというのが米側の予想だった。

一方、沖縄の戦術核、とくにメースBは、核戦略上は、その重要性をしだいに失いつつあった。冷戦下、核弾頭および運搬手段の急速な発達により、大陸間の長距離弾道弾あるいは原子力潜水艦からの中距離弾道弾が米ソの核戦略体系の中枢を占めるようになっていた。

しかし同時に、核の抑止力は、その貯蔵地を明らかにしないことによってはじめて有効に機能するという米軍部や議会筋の強硬論にも耳を傾ける必要があった。米側が佐藤・ニクソン共同声明第八項で「日米安保条約の事前協議制度に関する米国政府の立場を害することなく」という文言にこだわり、また二〇〇二年発覚の米秘密文書が示すように核の〝査察〟を望む日本側要求を拒否したのも、軍部や議会タカ派に配慮したからにほかならない。「13号」とその付属文書は、こうした背景の下に作成され、米交渉団は〝核抜き〟を最大限、駆け引きに使いつつ、本来の目標の達成に向け邁進していった。

2　基地の自由使用と事前協議の空洞化

〃本土の沖縄化〃への期待

「メモランダム13号」の②にあるように、沖縄交渉における米側の最重点目標は、米軍基地が従来通り、自由に使用できる状態を維持することにあった。〃核抜き〃への対応は、この事実上の自由使用をかちとるためのカードの役割を果たしたのである。このことは、「13号」の付属文書中の「核兵器が重要な軍事力であり、抑止効果があるとの見解を表明し続ける……ことによって、通常兵器の自由使用をめぐる駆け引きにおいて、有利な立場を獲得すべきである」との主張によっても明らかである。

これまで論述してきたように、米側が施政権返還に応じたのは、沖縄の基地の価値の相対的減少を見込んだ上でのことではなく、あくまでも「基地の使用を維持する最善の方法」(米秘密文書、二〇〇二年発覚)とみなしていたからにほかならない。さらに、その背景には、「ケース・スタディ」第三章「決定の年」の冒頭で「沖縄だけでなく、日本本土で利用可能な米国軍事施設の使用を最大限にするため、沖縄返還への合意が必要である」と述べているように、〃本土の沖縄化〟と呼ばれているものへの強い期待があった。あるいは、この点が沖縄返還の核心だったのかもしれない。

基地の使用を最大限自由に

基地の〝自由使用〟をめぐる日米交渉の実態を示す日本側文書は、外務省の極端ともいえる秘密主義によりほとんど開示されていないので、秘密解除の米側文書に頼るほかはない。若泉にしても、核問題の裏交渉が専門で、基地問題についは知り得る立場になく、その著書においても、まったくといってよいほど触れていない。

基地の態様に関するかぎり、核の問題とは違って、ほとんど外務・国務両省間で進められ、その交渉の中心人物は、日本側が東郷アメリカ局長、米側が国家安全保障会議の極東担当で以前国務省の日本担当を務めたことのあるリチャード・スナイダーだった。彼は、あまり交渉能力がないといわれたマイヤー駐日大使とは対照的に、なかなかのやり手で、大使直属の調査官（公使）として終始、交渉をリードした。

もちろんスナイダーの目標は、「メモランダム13号」の②にいう「軍事基地の通常の使用が、特に朝鮮、台湾、ベトナムとの関連において最大限自由であること」を達成することにあった。この目標に関する米国防総省、軍部の主張は、まさに一歩も退かぬ強硬極まりないものだった。

当初、「メモランダム5号」にもあったように、米側は、この問題について、一応、①現行の権利の完全なる継続、②暫定的自由使用権、③台湾、朝鮮のような主要地域との関連における制限付きの自由使用、④現在の〝本土並み〟レベル——など各種のモデルを想定して論議を重ねたようだ。その際、ニクソン大統領の指示により調整の主役となったのが、国務次官のアレクシス・ジョンソンであった。

焦点は〝自由使用〟の保証

彼は、一九六六年秋から六九年初頭にかけての駐日大使の経験をふまえて、無制限の自由使用は困難だが、朝鮮などの特定地域については、日本側もある程度弾力的に対応するのではないかとして、自由使用の〝形式〟よりは〝実質〟に重点を置いて調整に努めた。しかし、軍部とくに統合参謀本部は、あくまで完全な〝自由使用〟を主張して譲らなかった。同本部のマッコーネル議長は「現在のすべての軍事的権利が維持されないのなら、返還に合意すべきでない」との見解を重ねて表明し、調整は難航した。

結局、「メモランダム13号」の②の線で交渉を進めることになったのだが、この交渉の焦点は、基地の〝自由使用〟とくに特定地域への〝自由使用〟を日本側がどのような形で保証するか、という点にあった。

見出された妥協点

そこで考え出されたのが、形式上は日米安保条約を適用して〝本土並み〟とするが、日本側が共同声明およびその声明と一体となる総理大臣の記者会見を通して、米側が望む特定地域への軍事行動の〝自由〟を実質的に保証するというやり方であった。日米安保条約の例外として特別の取決めを結ぼうとすれば、恐らく日本の野党勢力はそれこそ〝本土の沖縄化〟を具現するものとして猛反対し、第二の安保闘争をもたらしかねない。こうした日本側の事情を読んで、米側は一時〝密約〟の必要性を説いたという。

しかし、それは、日本側に、公式声明の中で事実上の〝自由使用〟を盛り込ませるための手段であった。この点について「ケース・スタディ」は「米側が満足できるような声明を日本側に作成させるための手段として、密約の考え方を時々、提起した」と記述している。実は東郷も、当初から打開策として、そのようなやり方を考えていた。この案なら、仮に特定地域への米軍の軍事行動に対する理解と同意を表明したとしても、〝事前協議〟という形式をかぶせてさえおけば、〝本土並み〟と説明することができるというわけである。ただし、その場合の〝理解〟と〝同意〟に関する文言は、米側を十分納得させるものでなくてはなるまい。

こうして日米双方の思惑は妥協点を見出し、折衝は予想以上のテンポで進んだ。それには〝核抜き〟をかちとろうとする日本側の配慮が働いていたともいえようが、「いかなる秘密の取り決めも回避するために、日本側は佐藤首相による公式声明の発表を受け入れた」（「ケース・スタディ」）というのが真相であった。

東郷、スナイダーともに、日米両政府の意を体して強い交渉権限をもち、全智全能を傾けて、共同声明案および佐藤の記者会見での発表案の作成にとりかかった。この作成にあたっては、「13号」に基づくスナイダーの要請を軸に、朝鮮、台湾、ベトナムへの軍事行動が中心議題となったのは当然である。

台湾・ベトナムと国際世論

しかし、ことはそう簡単ではない。米国防総省や軍部にとって、これらの地域は、軍事上、重要な対象であろうが、日本側にしてみれば、いずれも過去に侵略したり植民地化した地域として、複雑で微妙な関係を残している。とくに、台湾などは、〝承認〟はしているものの、世界の大勢は〝一つの中国〟の代表を北京政府とする方向に傾いていた。そして、北京は、台湾の問題は〝一つの中国〟の内政問題であると主張、世界の大多数の国々もそのことを認めるようになっていた。また、ベトナムについても、米国内を含めて、国際世論の大勢は米軍の行動を〝侵略〟とみなし、その撤退を求める声は、急速に高まっていた。

このような国際情勢下にあって、それら地域への米軍の軍事行動をそれぞれの時点での動機や名分の詳細を問うことなしに一方的に理解し支持するということは、やはりかなりの批判・

攻撃を覚悟した上でないとできることではない。

方針転換

日米安保について、それまでは〝日本の安全〟が中心で、アジアの他地域との関連については、なるべく関与したくないというのが日本政府の立場だった。現に、沖縄交渉直前の衆院内閣委員会において、愛知外相は、沖縄返還が韓国、台湾などの関連諸国に及ぼす影響について聞かれた際、「沖縄返還にともなう軍事上の問題は、あくまでわが国の安全との関係が中心であり、韓国、台湾などとの関連で米側と積極的に話し合うつもりはない」と明言しているのである。

その日本政府が、沖縄返還をめぐって他地域との軍事的関連に積極的に言及しようというのだから、やはり大きな方針転換には違いない。それでも、東郷は、〝本土並み〟という形式を踏むことは、〝核抜き〟と共にこんどの交渉にとって不可欠の条件であり、そのためには、米側要求の文言をのむことも止むを得ないとして、決断を下した。

佐藤、愛知、とくに佐藤は、〝核抜き〟には執着したが、実質〝自由使用〟を示唆するような声明の文言にはあまりこだわらず、簡単に応じたという。

記者会見で詳細に

日本側の一連の声明で注目されるのは、「共同声明」の内容は比較的簡単にしておいて、佐藤の記者会見でより詳細に説明し、それを補完するというやり方である。

いわゆる〝ワン・セット〟論である。あまり例のないことであるが、この点でも、外務省がいかに神経を使っていたかがよくわかる。

例えば共同声明は、韓国について、「総理大臣と大統領は、特に、朝鮮半島に依然として緊張状態が存在することに注目した。総理大臣は、平和維持のための国際連合の努力を高く評価し、韓国の安全は日本自身の安全にとって緊要であると表明した」と述べるにとどまっている。たったの数行である。ところが、佐藤は記者会見では、次のように考え方を詳細に説明したのである。

「韓国に対し武力攻撃が発生し、これに対処するため米軍が日本国内の施設区域を戦闘作戦行動の発進基地として使用しなければならないような事態が生じた場合には、日本政府はこのような認識に立って事前協議に対し前向きかつすみやかに態度を決定する方針である」。この文言を素直に読めば、まさに〝事前協議〟における〝イエス〟の予約である。そうとしか解釈することはできまい。

台湾問題

次に、〝台湾〟ではどうだったのか。声明では「大統領は、米国の中華民国（台湾政府）に対する条約上の義務に言及し、米国はこれを遵守するものであると述べた。総理大臣は、台湾地域における平和と安全の維持も日本の安全にとってきわめて重要な要素であると述べた」と、これも比較的簡単な表現にとどめている。

しかし、記者会見では「台湾地域での平和の維持も、わが国の安全にとって重要な要素である。私は、この点で米国の中華民国に対する条約上の義務遂行の決意を十分評価しているが、万一、外部からの武力攻撃に対して現実の義務が発動されなくてはならないような事態が不幸にして生ずるとすれば、そのような事態は、わが国を含む極東の平和と安全を脅かすものになると考えられる。したがって、米国の台湾防衛義務の履行ということになれば、われわれとしては、わが国益上、さきに述べたような認識をふまえて対処していくべきものと考えるが、幸いにしてそのような事態は予見できない」とその意のあるところを詳述している。

ただ、台湾問題は、北京の主張、そして日本と中国大陸との歴史的関係などから、極めて重大かつ微妙な性質をもっているので、あえて「そのような事態は予見できない」と煙幕を張っている。予見できないものに、なぜわざわざ触れるのかというのが率直な疑問であるが、当時は、やはり米側、とくに軍部と議会タカ派の強硬な意見を反映せざるを得なかったものとみられる。

ベトナム戦争の重要な基地容認

さらに注目されるのは、ベトナム問題である。沖縄は、米軍のベトナムへの兵站《へいたん》・発進基地として最重要な役割を演じ、すでに泥沼の状態にありながら、なおニクソン政権は南ベトナム政権支援の方針を変えていなかった。

こうした情勢の中、共同声明は、「ベトナムにおける平和が沖縄返還予定時に至るも実現していない場合には、両国政府は、南ベトナム人民(本来はベトナム人民が正しい解釈なのに、その上に「南」をつけている)が外部(北ベトナムを指す)からの干渉を受けずにその政治的将来を決定する機会を確保するための米国の努力に影響を及ぼすことなく沖縄の返還が実現されるように、そのときの情勢に照らして十分協議することに意見の一致をみた」として、正式に日本の領土となる沖縄が、引き続きベトナム戦争への重要な基地となることを容認したのである。南ベトナム地域が果たして日米安保条約の下での〝極東の範囲〟(フィリピン以北。一五一頁の図3参照)に入るかどうかの問題も含めて、かなりの論議を呼ぶ性質のものであるにもかかわらず、ここにも、すでに〝事前協議〟にあたっての事実上〝イエス〟の予約が盛りこまれた。

この共同声明の部分は「ベトナム全人民が米国など外部からの干渉を受けずにその政治的将来を決定する機会を確保するための国際的努力に影響を及ぼすことなく沖縄の返還が実現されるように」と一部字句を修正して書き換えると、まさに国際社会を納得させるに足るものとなったであろう。にもかかわらず、逆に佐藤はその記者会見で、共同声明のベトナム条項に関連して、米国へのエールを次のように送り続けた。「私は南ベトナム人民が外部からの干渉なしに自主的にその運命を決定することができるように、その目的のために、米国が払っている犠牲とベトナムやラオス問題の平和的かつ正当な解決のためにニクソン大統領はじめ米側関係者が払われている誠実な努力に敬意を表する」。

この〝基地の態様〟問題は、日米安保の重大な変質につながりかねない面から、国内でも一時、論争の的となった。当時は〝革新〟色の強かった公明党を含む野党は、国会を中心に、〝事前協議〟とのつながりから、〝本土の沖縄化〟の観点に立って盛んに政府を攻撃した。しかし、政府側は、かねてからの計算通り、「日米安保条約とその関連取り決めは、本土と同じように適用され、事前協議にも例外はなく、自由発進はあり得ない」の一点張りで押し通した。

交渉の本質

しかし、真実は、むしろ米側の反応の中に現われていた。基地の〝自由使用〟を最大のイシュー(争点)として日本側に強く迫っていた米側だけに、その反応が注目されたのは当然であった。この点で、国務省はじめ米側関係者も、一応〝事前協議〟による合意という建前論を否定することはなかったが、彼らが一様に強調したのは、共同声明と〝ワン・セット〟とされていた佐藤の記者会見での「発表」であった。それにより、彼らの目的は、ほぼ達成されていたのである。

事実、一九六九年一一月一四日のホワイトハウス宛の秘密覚書で、ロジャーズ国務長官は

「共同声明などに用いられた文言は、日本本土に関係する協定の明確な前進(アドバンス)を示したものとなり、佐藤首相は韓国、台湾およびベトナムについて国内政治上のリスク(危険性)を負うことになった」と報告し、さらに「国防総省などは、なお、無条件の通常使用確保のための非公式合意(密約)を求め続けているが、日本側の保証は〝鉄壁〟ではないにせよ、日本本土における基地に関する既存の保証に比べはるかに進んでおり、適切である」(以上、「ケース・スタディ」)と米側要求がほぼ満たされたことを明白にしたのである。

「日本政府の声明は、日米安保条約の事前協議制の下で、日本本土あるいは沖縄の米軍基地の使用について米国が日本政府との合意を求めなければならない事態が生じた際の同政府の方針を明確に記した、説得力のある論証となった」という「ケース・スタディ」の結論は、基地の態様をめぐる日米交渉の本質を見事に表現している。

さきにも述べたように、米側が沖縄の基地の態様を最重要視したのは、そのことがすなわち日本全土の基地の態様につながり、これまでかなりの制約を感じていた米軍の軍事行動全体に新たなる機会と展望をもたらすことになるとの期待からであった。そして、沖縄の施政権返還にあたってのこのような日米合意は、その後の〈日米安保共同宣言─周辺事態法(新ガイドライン)─日米軍事再編〉という一連の安保変質ラインへの連動の基礎を固めるものとなったのである。現在、沖縄から米軍がイラクなどにもなんらの制約もなく自由に発進しているのは、この連動の延長線上の必然的帰結である。

第3章　財政負担の虚構

—交渉とその帰結(2)—

沖縄返還「裏負担」2億ドル

外務省否定の原状回復補償費も

米公文書、密約裏付け

米公文書に「密約」明記

沖縄返還 日本が400万ドル肩代わり

報道に対し 日本、米に口止め

沖縄密約の存在を裏づける米公文書について報じる新聞記事.
「朝日新聞」2000年5月29日付(右上)と「毎日新聞」2002年6月28日付の各1面

1　米資産買取りの内幕

沖縄の七二年返還が決まった一九六九年、米国経済は深刻なインフレへの懸念が強まり、それを抑制するための本格的対策が必要とされる事態に追い込まれつつあった。

日米の対照的な経済環境

ニクソン大統領は四月一二日、議会に対し、一九七〇会計年度の修正予算教書を提出した。それは、ジョンソン前政権の提出した支出、ならびに支出権限要求をそれぞれ四〇億ドル、五五億ドル削減して、歳入一九八七億ドル、歳出一九二九億ドルとし、よって五八億ドルの黒字を出すというものであった。ニクソン新政権はすでに、それまでにも一〇%の付加増税の一年延長、FRB（連邦準備制度理事会）の公定歩合（史上最高の七%）および預金準備率の引上げなど一連のインフレ抑制策を打ち出しており、修正予算教書はそれらの対策と合わせて、民主党治政下の長年にわたる慢性的な赤字財政からの脱却をはかろうとするものであった。

しかし、事態は、このようなオーソドックスな政策だけによって沈静化できるようなものではなく、いわゆるオーバーキル（過剰抑制）を回避するためにも、ベトナム政策の転換はもちろんのこと、さらに世界的な資本・貿易の自由化の推進、米国の海外負担の他国への転嫁などの抜本的・総合的な政策が望まれていた。

それでは、一方の日本はどうだったのか。当時のわが国は、〝いざなぎ景気〟（実質成長率平均一一・五％）と呼ばれた息の長い大型景気によって、引き続き超高度成長の軌道を走り続け、まさに、米国とは対照的な状況下にあった。東証一部上場各社の同年九月期、さらには翌年三月期決算も前三月期に続いて増収増益が見込まれ、〝岩戸景気〟の七期連続を上回る八期連続の新記録も達成可能な情勢であった。六九年一月の金・外貨準備も二九億三五〇〇万ドルと史上最高を記録した。消費者物価は超高度成長の影響を受けて、それまでの三年間、対前年比で四―五％強の上昇を続けてはいたが、それも所得・収入増によって吸収される範囲のものとされていた。

沖縄返還交渉は、こうした日米両国のあまりにも違いすぎる経済環境の中で行われたのである。これは、ある意味では日本にとって最悪の環境であった。米側は、沖縄返還と引き換えに日本側から基地の〝自由使用〟同様、最大限の代償をかちとろうと画策し、以後、理屈の合わない無理難題を押しつけるようになる。

米側の要求

米側の要求は、大きく三つに分類することができる。

第一は、在沖縄米資産など過去のものについての最大限の回収。

第二は、返還にともなう米側からの支出は、一切拒否する。

第三は、これが最も重要なことであるが、基地関係費用などで日本側から従来のワク組みを越えた新たな財政支出を引き出し、制度化することであった。

そして、一九六九年六月には関係省庁東アジア担当グループによる財政問題のワーキンググループがバーネット国務次官補を座長として結成され、対日交渉のガイドラインの作成に着手した。米側関係文書によると、そのガイドラインの主要内容は、次の五項目とされている。

① ドルから円への通貨交換にあたって、日本政府にドルを獲得させるようなことをさせてはならず、米国がどのような負担も被らないことが肝要である。

② 日本政府に移行される施設や資産については、米国政府への公正な補償が行われねばならない。

③ 米国は、沖縄に対する各種の援助など過去の政府支出に対して、日本が補償するよう求める。

④　米国は、返還にともない必要となる代替施設（例えば、那覇空港や那覇港に配置されている軍事施設の移転費用など）の負担を日本政府に要求する。

⑤　沖縄にある米民間会社は、日本の国内法によって規制されるが、権限委譲の移行期間においては、いくらかの自由が保障されるべきである。

日本側の史料

米側要求がいかに厳しいものであったかは、この中の米資産買取り交渉の経過を検証すればよくわかる。この買取り分は、対米支払い三億二〇〇〇万ドル（一二四頁参照）の内訳の冒頭にまず一億七五〇〇万ドルとして説明され、いかにも当然のことのように、たいした論議もないまま終わってしまったが、実はこの問題をめぐって日米双方の見解は鋭く対立していたのである。

財政問題についての日米交渉の実態は秘中の秘とされ、まさか大蔵省が主務官庁の外務省を排除した形で米財務省と独自の折衝に入っていたとは、想像だにされていなかった。したがって、この間の事情や内容を知ることは、まず不可能に近いはずだった。ところが、一九九九年六月に刊行された大蔵省財政史室編の『昭和財政史（昭和二七―四八年度）第一一巻　国際金融・対外関係事項(1)』（東洋経済新報社）の第五章「沖縄返還」の中で、米資産買取り問題も取り上げられ、それにより交渉上の問題点が判明したのである。

唯一ともいうべきこの日本側の史料は、財政上の専門分野に属し、一般の関心も極めて薄いことから表面化しなかったが、私はその内容を綿密に調べていくうちに、まさに唖然としてしまったのである。それは交渉内容もさることながら、そこでの記述の一部がまったく事実に反すると疑わざるを得なかったからである。福田が指揮したいわゆる裏折衝の結果の〝密約〟の部分はやはり完全に無視され、歴史の外に追いやられてしまっているが、問題はそうした隠蔽だけでなく、それによって事実が大きくねじ曲げられてしまっているということだ。このことは、後に改めて論述するとして、財政問題における第一の関門と目されていた米資産買取り交渉の経過を見てみよう。

米資産買取り交渉

この問題は一九六九年九月、ワシントン郊外のフェアフィールド・ファームスで行われた福田とケネディ米財務長官の会談に基づいてはじまり、以後、日本側が柏木(雄介)大蔵省財務官、米側がジューリック財務省特別補佐官によって、一〇月から本格化した。以下、前掲の『昭和財政史』を総括すると、ここでの焦点は米資産建設の資金源となった米国の沖縄に対する経済援助(ガリオア、ARI、RIA、ARIAなど、および米民政府の一般資金による援助)をいかなる性格のものとみなすか、そしてこれに関連して米資産の引継ぎを有償とするか、それとも無償とするかにあった。

これにつき、日本側は総額三億三五八七万ドルに及ぶ経済援助のうち、沖縄向けガリオア（一九四七―五七年）は対本土とは違って、もともと行政費として米側も返済を予定していなかったこと、またその他、ARI、RIAなどの民政府による行政援助（一九五八―六一年）もガリオアに準じた性格のものであったこと、さらにそれに続く民政府の一般資金援助はガリオア物資売却代金の資金化という〃信託〃の性質があることなどを理由に、ほとんどの資産は米側から買取りを請求される根拠はないとの見解であった。

ところが、米側は、日本側が指摘した〃行政費〃あるいは〃信託〃の点にはなんら言及することなく「米国内法では、米国所有の資産の処分にあたっては、必ず対価が支払われねばならないことになっており、国際法も、こうした資産を対価を得て買い主に譲渡する米国の自由をなんら制限していない」という見解を繰り返すだけで、日本側の言い分を一切、受けつけようとはしなかった。

結局、折衝は難航の末、資産形成のうち、ガリオア（一億八五〇〇万ドル）以外はすべて有償の対象とするという日本側の大幅譲歩により妥結したのだが、問題は一億七五〇〇万ドルという〃妥結額〃である。米国の経済援助の総額からガリオア分を差し引くと、残るところは一億五〇〇〇万ドル余にしかならない。ところが妥結した金額は、それより二五〇〇万ドルも多いのである。すなわち、資産の問題でありながら、実際は積算根拠に乏しい〃つかみ金〃なのである。しかも、ことはそれだけで終わらず、琉球政府の赤字処理の問題にまで波及した。

琉球政府の赤字処理

琉球政府予算の赤字は、プライス法など米国援助の削減や経済成長見通しの誤りなどにより一九六七年から発生し、例えば七一会計年度だけでも一〇〇〇万ドル不足するという状態だった。この赤字は、予算の承認権が米民政府にある上、米国からの援助の削減によってもたらされた面もあるので、返還にあたって当然、米側が清算の上、引き継ぐのが常識であるというのが日本側の言い分だった。ところが、これに対して米側は、またもや米資産買取り問題を持ち出してきた。つまり、買取り額算定にあたってガリオア援助分を差し引いたので、その見返りに琉球政府の赤字は、すべて日本政府が処理してくれというのである。結局、ここでも日本側は〃泣き寝入り〃し、米側主張をのむことになる。

以上のような交渉経過を振り返って、さすがに我慢できなかったのであろう。大蔵省も『昭和財政史』の中で「国際法上の先例と論理、ガリオア援助や一般資金援助の性格規定、沖縄住民自身による資産形成論などを根拠として日本側が当初主張した資産引継ぎの論理は、結局のところ、政治決着の過程でほとんどその全部が捨てられたのであった」と無念の弁を述べている。

ここで、さきほど触れた『昭和財政史』中の「事実」をめぐる疑惑に言及しておこう。

八ヵ月ものブランク？

財政問題についての日米交渉が、一九六九年九月の福田・ケネディ会談を契機に、一〇月に入って柏木・ジューリック両財務当局者の間で本格化したことは、先にも述べた。ここで、米側は、資産継承問題のほかに、円・ドルの通貨交換にともなう米国際収支へのマイナス計上の防止、さらに日本人労働者に適用される社会保障の費用や米軍基地の移転経費などの問題を提起した。

ところが、『昭和財政史』では、交渉はここで一時打止めとし、以降の話し合いはすべて〝七二年返還〟を決めた一一月の佐藤・ニクソン会談以降に持ち越しという一足飛びの〝スケジュール〟にしてしまっているのだ。そして、資産継承問題などについての日米当局間の本格折衝は、翌七〇年六月二四日の第一回交渉からはじまり、翌七一年春まで延々と続けられた、というのである。その前に、このスケジュールについては七〇年一月の柏木・ジューリック非公式折衝で「交渉再開は、国会終了後とする」という合意を確認したとある。国会終了後までといえば、驚くなかれ、その間に実に八ヵ月ものブランクがあるのだ。日米両当局は、一体、何をしていたというのであろうか。

ここで私には、この著作の執筆者が、果たして真実を知っていたにもかかわらず、関係者の要請により、あえて隠したのか、それとも極秘事項なるが故に、まったく真相を知らされないままに筆をとったのか、その辺の事情はよくわからない。しかし、複数の米側秘密文書で明らかなように、八ヵ月ものブランクなどなかったことは確かである。それどころか、本当のところは、すでに一九六九年一一月二一日の佐藤・ニクソン共同声明までに、米資産買取り額一億七五〇〇万ドルを含む財政上の諸問題の大綱は、一一月一〇日の柏木・ジューリック秘密合意(覚書の交換は一二月二日)により、すべて結着をみていたのである。

柏木・ジューリック秘密合意

『昭和財政史』にもあるように、大蔵省は米資産買取り問題の基礎となる米経済援助の総額について、すでに一九六九年六月の時点で三億七二〇〇万ドル(後に三億三六〇〇万ドルに修正)という数字をはじき出して米側に提出している。その後は、一〇月末から一一月中旬にかけての本格折衝において、先述のような日米が対立した交渉経過をたどった後、日本側の大幅譲歩によって柏木・ジューリック秘密合意に達したのである。米側は、財政問題解決の共同声明以降への先送りを認めなかったのである。「メモランダム13号」は、ここでも貫徹されていた。

そして、この合意は、後で詳述するように「沖縄をカネで買い戻す(buy back)」ことに反対する沖縄現地および本土の世論に配慮した佐藤―福田ラインが、やがて来る総選挙とその後の通常国会を乗り切るための対策の一環として、共同声明に盛り込まないよう米側に働きかけ、同声明には「これから交渉を開始する」という趣旨の偽りの文句が盛りこまれたといういきさつがある。もし、七〇年一月の柏木・ジューリック非公式接触で、交渉開始を通常国会後とすることで合意したことが事実であるとすれば、まさにそれは、福田が米側に申し入れた偽装工作の線に完全に符合するのである。

琉球政府立法院の決議

当時の沖縄の関係者は、こうした偽装工作などつゆ知らず、正式交渉は、一九七〇年六月一〇日から始まるとばかり信じ込んだ上で、米資産を県有財産とするよう政府に激しい陳情攻勢をかけていた。琉球政府立法院は一〇日の直前、次のように決議している。

「我々は、以下に述べる理由によって、米国管理の資産が沖縄県民自身のものであり早急に琉球政府に移譲されるべきであり、復帰後は、沖縄県の県有財産として取り扱うべきであると考える。

第一は、これら米国の支出金及び資産は沖縄県民の福祉及び社会経済発展のために施政権者としての当然の統治費であるということ。

第二は、これらの資産の中には、沖縄県民の永年にわたる努力によって増殖された面が大きいこと。

第三は、米議会の議員及び政府当局者の証言などによっても、これら米資産の債務性が否定的であるということ。

我々は、資産処理のための対米交渉をするにあたっては、後世の人々から沖縄返還が〝金で買い取られた〟とか〝高い買物〟になったとかいう非難がされないように沖縄県民の意思を充分に反映させて交渉を進められるよう強く要望する。」

しかしながら、この決議より実に半年以上も前に、すでにこの問題の結着はついていたのである。沖縄の関係者は、完全にだまされていたのだ。

2　闇の主役と秘密合意

普通、外交交渉の窓口となるのは、もちろん外務省であり、重大な総合的交渉の場合、経済・財政分野にかなりの部分がかかわっているとしても、主務官庁の外務省が大蔵（現・財務）、通産（現・経済産業）など関係省庁と連絡し、協議しながら進めていくのが一般的な手法である。ところが、沖縄交渉に関するかぎり、そうではなかった。財政問題については、先述のように大蔵省が自らの専管事項として外務省をほぼ完全にシャットアウトした形で行われた。

吉野文六の回想

この問題の実態は、一九九九年に行われた吉野文六・元外務省アメリカ局長の次のような回想によっても明らかである。「沖縄に関わる資金の問題は、我々から言えば〝けしからん〟とは思うけれども、それはアメリカ大使館が柏木財務官とか、その他の国際金融局の事務方と、我々の知らぬ間にひそひそと計算をして、数字を積み上げていたんです。最後になって、大蔵省のほうから、〝これだけになるよ〟と言って来たわけです。〝そんなものは知らんよ。お前のほうでこそこそやっていたのだから、協定に書くわけにはいかん〃と、我々は頑張っていたのです。それで、そのうちに、最終的には交渉の中に入って来て、その交渉の内容を電報にしたところが、それが漏れたということですね」。

さらに、こうもいっている。「在京大使館は、僕等には初めは金の話をしなかったわけです。ところが、後になって、柏木との話が出て来て、我々に〃ツケ〃を見せてくれた。それで、我々は、ひた隠しに隠そうという形になったわけですね。……大蔵省は、自分でそういう嫌な仕事を引き受けたんです。……だけど、最後に、どうしても協定を結ばないといかんということでね」(以上、「吉野文六 オーラルヒストリー」)。

吉野が二〇〇六年、一連の〃密約〃について真実を証言しはじめたのは、すでに多くの米公文書によって、動かすことのできない事実が証明され、もはや隠し通せるものでもないし、また隠しても意味がないと観念したからでもあろうが、一方では、こうしたかつて大蔵省に抱いた強烈な嫌悪感がよみがえってきたせいもあるのではなかろうか。いずれにせよ、吉野のいう「嫌な仕事」を大蔵省、否、同省をひきいる福田大蔵大臣は進んで引き受けたのである。

福田の〃両面作戦〃

もちろんその背後には、私が第1章で指摘したポスト佐藤にからむ福田の心理が強く働いていたことは否定できないところであろう。しかし同時に、「ケース・

スタディ」がいう「最も困難な交渉」とされた財政問題を打開するためには、ひょっとすると秘密の合意が必要とされる場面も出てくるのではないか、という好ましからざる予想が福田の心の奥深くあったのではないか。だからこそ、外部から一切を遮断した大蔵省だけの密室外交を選んだのではないか、とも考えられるのである。

事実、〝密約〟を生み出しかねない土壌は、すでにできあがりつつあった。米側が厳しい経済情勢を背景に遮二無二《しゃにむに》攻勢をかけてくるのは必至であったし、逆に国内では〝沖縄買戻し〟反対論が強く叫ばれるといったように、政府はその板挟みにあって苦悩の渦中にあった。しかも吉野が「オーラルヒストリー」で指摘したように、「沖縄はタダで返ってくる。こんないいことはない」といういわずもがなの佐藤発言が、それでなくても困難な財政問題を一層こじらせてしまっていた。

かくして、福田は「核」については佐藤に紹介した若泉にまかせ、一方の財政問題は自らが直接、指揮することによって解決するという〝両面作戦〟により、あえて〝火中の栗を拾う〟挙に出たのである。もしこれがうまくいけば、沖縄返還に政治生命をかけている佐藤の福田への信頼は不動のものとなる。「自民党総裁たるものは、たとえ追いこまれて辞めるような事態になったとしても、なお党内の半数への影響力は残している」という古くからある自民党の言い伝えが、福田の脳裡をよぎったのかもしれない。

福田はまず、一九六九年九月、ワシントン郊外のフェアフィールド・ファームスという秘密の場所で行われたケネディ財務長官との会談で、財政問題に関するかぎり、日米交渉は、大蔵・財務両省間だけで進めていきたいと申し入れ、了承をとりつけた。

米側秘密文書が次々に…

これ以降の交渉内容については、日本側文書はほとんど見当たらないので、すべて米側の秘密文書に頼らざるを得ない。が、ここで注目されたのが、我部琉球大学教授が一九九八年夏に米国立公文書館から入手し、朝日新聞が同年七月一一日の夕刊トップで報道した柏木・ジューリック秘密合意を中心とした文書で、この文書と「ケース・スタディ」とをつき合わせていけば、当時の交渉内容の詳細を把握することができる。我部教授入手による文書によって明らかにされた柏木・ジューリック秘密合意の問題は、協定上の三億二〇〇〇万ドルの対米支払い額との関連が不明なこともあって、朝日新聞の報道を最後に立ち消えになってしまったが、この合意こそが財政問題に関する日米交渉の原点となるもので、その後七一年前半まで、ここで決まった大綱に基づいて細目の詰めが行われていったのである。

そして、我部教授がさらに入手し、二〇〇〇年五月に発表した米秘密文書、さらに、二〇〇二年六月にＴＢＳ(東京放送)が入手した秘密文書などにより、財政問題についての秘密交渉の全貌が明らかにされていく(第3章扉参照)。

基地移転費用の日本側負担

ところで、フェアフィールド・ファームスの福田・ケネディ会談において、福田が大蔵－財務の専管交渉としたいと申し入れた件について、米側は〝どうして、そんなことにこだわるのか〟とはじめは戸惑いを見せた。この点で、「その主張については、明確ではない」としながらも、尋常一様なものではなかっただけに、やはり私の見解同様に「沖縄交渉をまとめることで佐藤首相が得るであろう政治上の利点を、福田が個人的に共有したいと願う政治上の動機を持っていたかもしれない」(「ケース・スタディ」)と感じとっていたようだ。

ただし、米側はこの福田のたっての申入れに形の上では応じはしたものの、実際には、それをそのまま履行しなかった。ここに、日米の立場の違いがある。ジューリックは、米大使館の指揮下に入り、交渉内容について、少し遅れはしたものの、その概要を報告し続けたという。

福田・ケネディ会談で米側は、まず沖縄返還にともない米側が予算上負担することのないよう強く要望すると共に、通貨交換、米資産への補償、さらに米軍の基地移転費用の転嫁などの問題について日本側の善処を求め、これら諸懸案を佐藤訪米までにすべて解決することが七二年返還の前提であると強調した。ここでとくに重要なのは、米軍基地移転費用を日本側が負担するよう要求したことである。

〝思いやり予算〟の原型

祖国復帰のシンボルとして沖縄の玄関たる那覇空港の米軍部隊を他基地へ移転(リロケーション)することが、日米の間でほぼまとまりつつあったが、そのための費用は、日米地位協定上、本土では、まだ正式には認められていなかった。すなわち、協定を厳格に適用する以上、日本側の義務は施設・区域の提供にかぎられ、基地の移転や改良については米側負担が常識とされていたのである。

かくして米側は、返還にともなう支出は一切拒否するという基本方針と合わせて、仮に、この基地の移転、さらには改良費などを肩代わりさせることができれば、将来にわたって、米側の財政負担は制度上、大幅に緩和されるという思惑から、交渉の最優先課題としてこの問題を突きつけてきたわけである。そして、これまた重要な点であるが、福田はこの米側要求を原則的に認めたのである。これが、後の〝思いやり予算〟の原型というべきもので、日本の対米軍事支出に転機を画するものとなった。

一蹴された福田提案

ここで福田は、交渉の進め方と同時に、この財政問題の最終解決を佐藤・ニクソン会談以降に延ばせないかと提案した。佐藤は〝七二年返還〟の日米合意を得た後、ただちに衆院を解散し、大勝を博した上で、自民党総裁に〝四選〟され、やがて引退の花道として〝沖縄返還〟を迎えるという政治日程を描いている。この絶対に変えることのできない〝背水〟の日程をそのまま現実のものとするためには、国内で盛んに騒がれている〝沖縄買戻し〟反対の主張を封じ込める必要がある。「沖縄はタダで帰ってくる」という佐藤発言も手伝って、国内では〝無償返還〟を想定する向きさえあったほどである。こうした事情から、福田は財政問題の解決をできるだけ引き延ばそうと考えた。

しかし、これは徒労に終わった。ケネディは「メモランダム13号」、すなわち「諸懸案が実質解決されることが七二年返還の大前提」という基本方針に基づき、そのような引延しは米議会対策上も不可能であるとの理由をあげて、福田提案を一蹴したのである。

日本側支出額は〝つかみ金〟方式

柏木・ジューリックは、この福田・ケネディ会談を継承して実務交渉に入った。そこで最初にぶつかったのが、日本側からの財政支出を必要項目に基づく積算方式でいくか、それとも、そうではなくて包括的な金額を前提とした〝つかみ金〟方式でいくか、そのいずれを選択するかの問題であった。

この二つのうち、前者の積算方式については、米側はまったく考えていなかった。彼らの立場はただ一つ、〝ランプ・サム〟(lump sum)すなわち〝つかみ金〟で一挙にことを解決するというものだった。一連の米外交秘密文書によると、当初、米側は、国防総省案を軸に総額六億五〇〇〇万ドルを目標とすることを決定していた。このくらいの額でないと上院外交委員会、同軍事委員会などの強硬派をとうてい納得させることはできないという判断からであった。

この六億五〇〇〇万ドルを軸に、六九年一〇月から米政府内のワーキング・グループは本格的な検討に入った。一〇月三一日のワーキング・グループの会議でナッター国防次官補(国際安全保障担当)は「六億ドル未満では、合意すべきでない」(「ケース・スタディ」)と主張、これに対し国務省側は、返還によって米軍事予算はかなり節減でき(例えば、軍用地の貸借料や日本人労働者の社会保障費など)、その額は恐らく五年間で一億五〇〇〇万ドルに達するので、このことも考慮して、四億ドルの線で合意してもよいのではないかとの見解を表明した。

いずれにせよ、米側は、そのようなハイレベルの目標は日本側のいう積算方式によってはとうてい達成できないと見て、あくまで〝つかみ金〟方式にこだわったのである。

積算方式を断念

これに対し、柏木代表は、日本の国会とくに野党は、通常、予算支出にあたっては詳細な積算根拠を問い質すことが慣例化しており、とくに、こんどのような政治的論争の的となっている支出については、積算の根拠を厳しく追及してくることは必至という国内事情を説明して、米側の同調を求めた。これによって折衝は一時、暗礁に乗り上げたが、米側の強硬な態度にはなんらの変化もなく、また、この交渉は一一月の佐藤・ニクソン会談までに大筋で合意に達していなければならないというターゲットとの関係上、ついにここでも日本側は折れ、柏木は福田に対し、この際、積算方式は断念し、包括的な案を考えざるを得ないと報告、了承を得た。

　こうして柏木は一〇月二四日、民生用資産と軍用資産にそれぞれ一億二五〇〇万ドル、総額二億五〇〇〇万ドルを支払うという案を提示した。また、円・ドル交換が米国際収支に及ぼす統計上の影響（マイナス）についての問題は、別途、考慮するとも伝えた。

六億八五〇〇万ドルで合意

　この案を基に折衝を重ねた末、柏木は、さらに民生用資産買収に一億二五〇〇万ドル、基地移転関係費の名目で二億ドル、ほかに通貨交換後のドル預金一億ドルなどをも含む計四億五〇〇〇万ドルのパッケージの案を提示、ジューリックは、こうした日本側の大幅な歩み寄りを高く評価して、米側とくに国防総省筋の説得に努めた。その上で、ジューリックは、一一月上旬、民生用資産一億八五〇〇万ドル、社会保障費三〇〇〇万ドル、返還にともなう基地移転など基地関係費として二億ドル、通貨交換にともなう措置として一億一二〇〇万ドル、計五億二七〇〇万ドルを提示、この金額以外に、琉球銀行の株式および石油・油脂施設の売却益一五〇〇万ドルと、返還にともなう米予算の節約分一億五〇〇〇万ドルを合わせると総額六億九二〇〇万ドルに達するとして日本側の了解を求めた。その結果、一一月一〇日に、ついに総額六億八五〇〇万ドルの案で妥協が成立した。

この柏木・ジューリック秘密合意の内容は、次のようなものであった。

① 民生用資産買収——一億七五〇〇万ドル
② 返還にともなう基地移転およびその他の経費——二億ドル（五年間で物品、役務により）
③ 通貨交換後の預金（二五年間以上、無利子）による供与、一億一二〇〇万ドル（六〇〇〇万ドルが預金）
④ 基地従業員の社会保障費——三〇〇〇万ドル
⑤ その他、琉球銀行株式、石油施設の売却益と米予算節約分——一億六八〇〇万ドル

合計　六億八五〇〇万ドル

この額は、当時のわが国の国家予算の規模との対比において、いまに換算すれば、三兆円以上に匹敵するほどの巨額である。さらに、三五年間に及ぶ旧植民地に対する賠償ともいえる対韓国経済協力の無償三億ドル（その他、有償二億ドル）の二倍以上に達する、当時としては、まさに沖縄の〝買戻し金〟といわれても仕方のないような金額だったのである。

このように財政問題については、大筋で完全合意に達したにもかかわらず、佐藤・ニクソン共同声明では次のように発表されただけで、真実は隠されてしまった。

「総理大臣と大統領は、沖縄の施政権の日本への移転に関連して両国間において解決されるべき諸般の財政および経済上の問題(沖縄における米国企業の利益に関する問題も含む)があることに留意して、その解決についての具体的な話し合いをすみやかに開始することに意見の一致を見た」(第九項)。福田は、秘密合意がこの時点で日本国内に伝わり、それが佐藤帰国直後に予定されていた総選挙およびそれに続く通常国会に与える〝ショック〟を防止するため、米側に対し、事実の隠蔽を懇請し、了解を得たのである。

了解覚書の交換

しかし、米側は、共同声明に盛り込まないことには同調したが、合意の手続きには厳しく、あくまでも共同声明発表前に了解覚書を交換するよう要求した。その結果、一一月一二日に、さきの合意案を内容とする覚書を福田が読み上げることによって日米両政府が確認するという口頭合意のセレモニーが行われた。そして、声明発表後の一二月二日、柏木・ジューリックがワシントンにおいて了解覚書にイニシアルで署名、ここに秘密合意が完全に成立したのであった。

先述のように、日米両政府とくに日本側は、このように共同声明という条約・協定に準ずるほどの重要な外交文書を〝偽造〟し、以後、財政問題の日米折衝は、翌七〇年春から夏にかけての通常国会終了後とするという、これまた秘密の合意に基づいた偽りの〝スケジュール〟を内外に伝達したのであった。

通貨交換による赤字増

ここで、再び『昭和財政史』問題を取り上げる。それは、秘密合意中の通貨交換後の日本側による米国銀行への預金の問題である。『昭和財政史』はもちろん、柏木・ジューリック秘密了解には、一切、言及していない。さきの米資産買上げについての記載があまりにも事実に反していたのも、すべては柏木・ジューリック合意の記述を回避することによって生じた結果であった。そして通貨交換に関しても、また然りであった。

米側のこの問題についての基本態度は、「琉球の施政権の委譲に際して、二つの問題点、即ち、現に琉球で流通しているドル紙幣およびドル硬貨を円紙幣および円硬貨に交換する問題とドル建の銀行債権やその他のドル建の債権を衡平な方法で円建にする問題とを取り極めることが必要である。日本政府は、現に琉球に流通しているドル紙幣およびドル硬貨については何らの債権を有していない。ドル通貨は決済手段として民政上の観点から米国によって導入されたものである。したがって通貨の交換は日本に対する米国の債務を何ら増加させないような方法で処理されるべきである」(『昭和財政史』)との公式発表に示されていた。つまり、通貨交換により、国際収支上、米国の赤字が増えるので、その分を日本側が補塡せよというのである。

これに対し、大蔵省は当初、「すでに海外にあったドル債務が統計上記録されるに過ぎないから、実質的な国際収支のマイナス要因であるとは考えられない」と反論していた。しかし、結局のところ、ここでも米側要求を汲んで「アメリカ側のインパクトを緩和するためになんらかの妥当な措置を検討する用意がある」(『昭和財政史』)ということになり、さきの秘密了解覚書中の一億一二〇〇万ドルの無償供与に相当する二五年以上の無利子預金(六〇〇〇万ドル)を承認したのであった。

〝無償供与〟による解決

ところが、そのあとについて、『昭和財政史』は、こう書いている。「結局この問題は、六九年一一月の共同声明後、資産継承交渉が中心的課題となることによって解消した。……アメリカ側の要求は、実質的には、資産継承交渉における米資産買取問題のなかで検討されることになったからである」。

この問題は、資産継承とは別個に、日本側による無利子預金という実質的な〝無償供与〟によって解決されたのであり、この記述が間違いであることは明白である。そしてすでに二五年以上たったいま、この預金はどうなったのか、果たして日本側に返済されたのか、これが極秘とされていることにより、まったく不明なのである。もし放置されているとすれば、すでに二億ドル以上のカネが米国政府のフトコロに入っていることになる。
このように、財政問題で日本側は最初から大幅な譲歩を余儀なくされ、以後、屈伏を強いられ続ける。そして、柏木・ジューリック秘密合意は、沖縄交渉の財政問題に関する〝密約〟の原点として成立し、以降の細目折衝における一連の〝密約〟群は、その随伴的効果として派生してくる。「財政問題の取り決め自体は、米国の観点からは納得のいくものであった。……しかし、合意に達した内容の詳細は、成文化された協定もしくは交渉に関する記録のどちらにもほとんど含まれていなかった。このため一九七〇年からの細目交渉において多くの問題が生じた」(傍点は引用者)という「ケース・スタディ」の記述は、まさに沖縄交渉の性格を正確に伝えている。

主役の弁　福田は、一九七二年四月三日の衆院予算委員会で、秘密外交をめぐる質問に対し、次のように答弁した。
「秘密外交とは何ぞや、私の理解するところによりますれば、これは裏取引、相手国との間に国民に知らせない取引があって、これが両国を義務づけておる、こういうことではあるまいか、そういうふうに思いますが、そういうようなことがあったらこれはたいへんなことです。これは今日の民主国家社会において、許されるはずのものじゃない。渡部さん〔質問者〕は、何かそういう色彩がこの協定につきまとっているのじゃないかというような前提でのお話しでもありましたが、さようなことがないのだということはるる申し上げておるとおりであります。」

これが、柏木・ジューリック秘密合意議事録を口頭で読み上げた当の〝裏取引〟の主役の弁である。

3　つかみ金、二億ドルの使途

柏木・ジューリック合意による米資産買取りも、一見、積算根拠があるように見えるが、実際は、米国の対沖縄援助総額からガリオア援助分を差し引いただけの〝つかみ金〟に近い性質のものであった。ところが、返還にともなう基地移転および その他の経費の〝二億ドル〟に至っては、対象費用のない正真正銘の〝つかみ金〟だった。那覇空港移転の件があったにせよ、使途のないカネだったのである。これを返還協定に盛り込んで国会の承認をとりつけるためには、どんな工夫をこらせばよいのか。ここから、裏の折衝がはじまる。

二億ドルをめぐる報道

話はちょっと脇道にそれるが、この〝二億ドル〟問題は、二〇〇〇年に我部教授が発表した米公文書の報道から論議を呼ぶようになったので、当時の状況に少しばかり触れておきたい。

二〇〇〇年五月二九日の朝、私が毎日新聞社退職後、二十数年もたってはじめて政治部の榊原という記者から電話が入った。「沖縄密約で『朝日』にやられました。アメリカの秘密文書であの四〇〇万ドルの肩代わりが証明されたんです。西山さんのコメントを下さい」というのだ。

この時の「朝日」の報道ぶりは、一、二、三面にわたる極めてセンセーショナルなものだった。そして、「毎日」も翌朝、一面トップで追いかけた。「朝日」が一九九八年に報道した時とは違って、こんどは、私が提起した軍用地復元補償の肩代わり問題が含まれていたせいもあってか、扱いがいっそう大きかった。

このあたりを転機に、私は、再びマスメディアの取材対象となっていく。「朝日」が取り上げた米公文書は、三五〇ページの内の一部にとどまってはいたが、そのほとんどは、二億ドルの〝つかみ金〟の中身に関するものであった。

〝偽装工作〟

日本側は、最初はこのカネの大部分を米国の施設を沖縄に建設する際の物品・役務による負担としたいと申し入れた(米秘密文書)。しかし米側は、新たなる施設の建設の必要性はあまりないとの理由で、この案を拒否した。そこで日米折衝の末、総額三億七五〇〇万ドル(一億七五〇〇万ドル+二億ドル)を三億ドルと七五〇〇万ドルに分割し、協定上見せかける合意は三億ドルにとどめ、残る七五〇〇万ドルは協定外の合意とすることに決まった。

日本政府が協定上の合意を三億ドルに限定するよう要望したのは、「それ以上の額になると内訳の説明がむずかしくなり、国会通過が危ぶまれる」(米秘密文書)と判断したからだという。佐藤が、〃無償返還〃をにおわせる一方、〃沖縄買い戻し〃に対する警戒論が強まっていただけに、米側としても、最大限の〃財政解決〃金を獲得する手段として、日本側提案の〃偽装工作〃を応諾した。

「どう説明しようと自由」

問題は、この三億ドルの内訳について、日米双方が、それぞれ国内向けにどのように説明するかである。三億ドルのうち、一億七五〇〇万ドルについては、米資産買取り費として一応説明できるかもしれないが、残りの一億二五〇〇万ドルをどう扱うかの問題が残った。この一億二五〇〇万ドルは、後になってVOA(アメリカの声・放送)移転費一六〇〇万ドル、軍用地復元補償に対する米側の自発的支払い分四〇〇万ドル、計二〇〇〇万ドルの密約金が加わって一億四五〇〇万ドルになるのだが、いずれにせよ、こうした公にできないカネの内訳づくりが、最大の難問となったのである。

しかし、考えてみると、もともとが〃つかみ金〃だったこのカネに厳密な内訳などつけられるはずがない。結局のところ、日本側が国内向けにつくる見せかけの内訳を米側が黙認する以外に方法はなかったのである。

この間の事情を米秘密文書（一九七一年一〇月の米上院外交委員会沖縄返還協定聴聞委員会の直前に国防総省・陸軍省が作成した想定問答集）は「資産買い取りの一億七五〇〇万ドルはともかく、その内訳については、日米間でなんの合意もないし、また、合意するつもりもなかった。そのようなことは、とうてい無理だった。例えば、核兵器については日本政府の政策に従って、返還時に撤去することになったが、その詳細について日本政府と協議したことはない。もちろん、日本政府が三億二〇〇〇万ドルの内訳をどう説明しようと自由である」と記述している。

日米間のギャップ

かくして、残る〝つかみ金〟一億四五〇〇万ドルの内訳について、日本側が考え出したのが、核兵器撤去費として七〇〇〇万ドル、沖縄基地従業員の人件費増加分が七五〇〇万ドル、というものであった。ところが、米側の試算によると、核撤去費でも人件費増でも、そんなにはかからない。核についてはせいぜい五〇〇万ドル、返還にともなう基地従業員の人件費増も最大限見積もっても六二〇〇万ドル（米秘密文書）。その他、軍用地復元補償の〝自発的支払い〟分とVOA移転費の両密約金を計二〇〇〇万ドルと計算しても、なお五八〇〇万ドルの現金残高が生じるというのだ（基地従業員の人件費増は、さらなる圧縮が可能とされ、この五八〇〇万ドルのもうけはもっとふくらむと見られていた）。

私が入手した外務省の極秘電信文中に「内訳をどう割り振るかは、米側と十分打合せして、

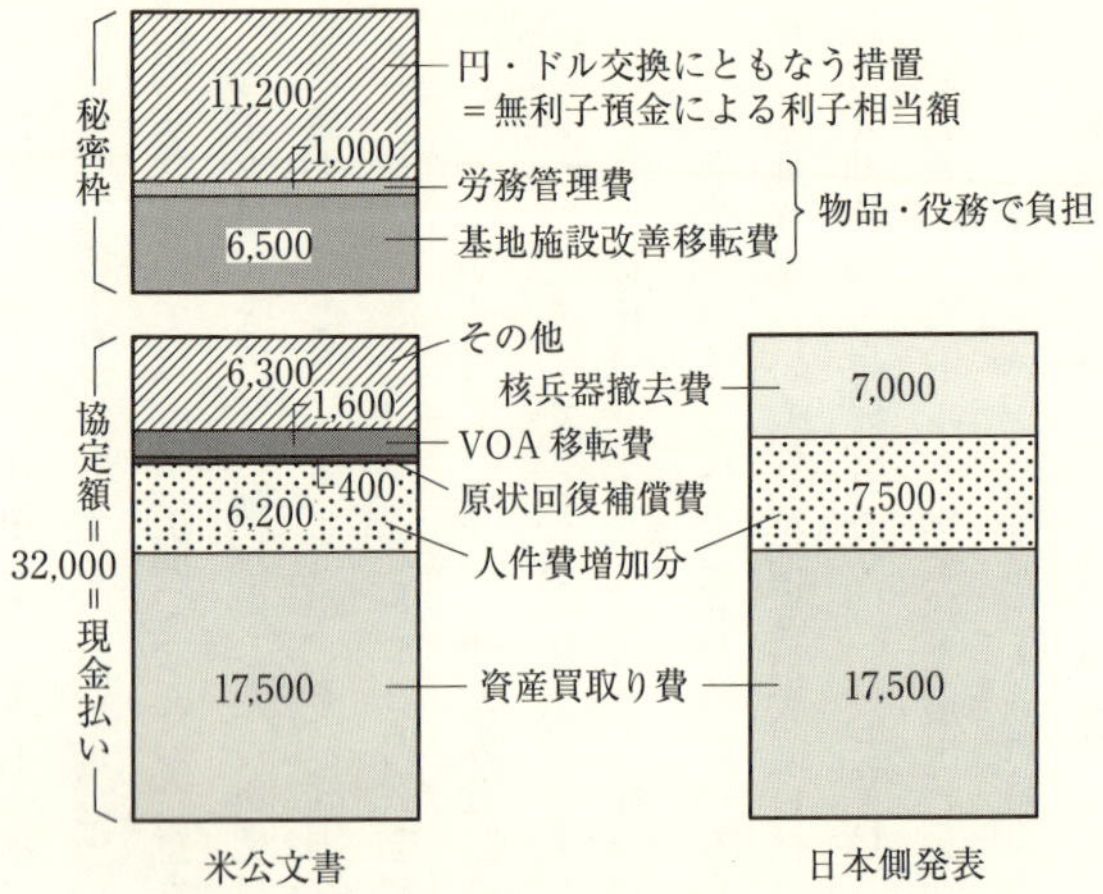

図 1　沖縄返還にともなう対米補償の内訳(単位：万ドル)
出典：「朝日新聞」2000 年 5 月 29 日付

食い違いのないようにしておかねばならない」という趣旨の文言があったが、このように日米の間には大きなギャップがあり、日本側は、その漏洩を極端に恐れていたのである。

とってつけられた〝内訳〟

私を裁いた一審の刑事裁判において、検事は検察側の吉野証人に対し、「なんかこの電信文の文言を読んでいますと、いかに割り振るかというような文句は、もともと内訳などはなかったのだと。三億二〇〇〇万ドルが決まってから内訳をとってつけるというように読めるのですけれども、そういう意味じゃあないのですね」と尋問している。ここで検事が感じとっているように、内訳なるものは、まさに〝とってつけられた〟のである。この尋問は、そのことを告白しているに等しい。

これに対し、吉野証人は「一億七五〇〇万ドル、七五〇〇万ドル、七〇〇〇万ドルということを正確にひとつ打合せておきたい、こういうことを念を押したに過ぎません」と証言した。しかし、この証言が〝偽証〟であったことは、米秘密文書にかぎらず、最近になって検察側証人の吉野自身が認めたところである。

〝基地施設改善費〟

一方、三億七五〇〇万ドルでは金額がはり過ぎて国会通過がむずかしく、かつ地位協定解釈上も論議を呼びかねないとして、別枠にはずされた七五〇〇万ドル（うち一〇〇〇万ドルは日本側による労務管理費の負担）はどうなったのか。このうちの六五〇〇万ドル（当時の二三四億円）の〝基地施設改善費〟（米秘密文書）こそが、返還時点での一時金ではなく後年度負担として受け継がれ、それどころか、年々肥大していった現在の〝思いやり予算〟の原型となったものであり、沖縄返還に関する財政問題の中でも最も注目されねばならない性質のものだった。

この六五〇〇万ドルについては、極秘電信文にもあるように、米側は地位協定上、「リベラルな解釈」すなわち〝拡大解釈〟するよう要望したが、それは、施設・区域の提供以外は原則として米側負担とするという従来の解釈だと、協定逸脱の恐れが出てくると見ていたからにほかならない。

この点で、二〇〇〇年に発見された米公文書では、こう指摘している。

「日本は返還後五年の期間にわたって米国に対し、〝基地施設改善費〟として六五〇〇万ドルを物品および役務により提供する。このうち、日本政府は、返還合意にともない那覇空港から移転する米海軍および海兵隊航空機のために必要な代替施設を提供するため、二〇〇〇万ドルの前払いに合意した〔この前払いは、移転が遅れたため、見送られた〕。残りの額は、建設、修理およびメンテナンス（維持）など施設改善のために使われる。日本は、日本国内の米国軍隊に施設を提供する地位協定（SOFA）の規定に基づく理解の下、これらの物品および役務を提供する。」

〝密約〟の顕在化

簡単にいえば、施設・区域の提供だけでなく、改良、移転などへの支出も地位協定上、可能になるようにしてくれというのが米側の要求であった。そして、日本側は、この協定の〝変質〟を了承した。この費用は、協定発効（一九七二年）後、五年間というものは、防衛関係予算の中にもぐって支出されたが、果たしてその五年間が終了した後、一九七八年度から頭をもたげ、公式に在日米軍駐留経費（いわゆる〝思いやり予算〟）として予算要求されるようになる。〝密約〟の顕在化である。このことは日本の対米軍事財政の変革を意味する。

日本に駐留する米軍に必要なカネは、最大限日本に肩代わりさせるという沖縄返還にあたっての米側の基本方針は、この六五〇〇万ドルによって具体化され、以降、このカネは〝安保ただ乗り〟論なるものに便乗する形で、増大の一途をたどる。その増え方は、まさしく、主権国家のありようを問われかねないほどの猛スピードぶりだった。

〝安保ただ乗り〟論

〝安保ただ乗り〟論の背景には、日米安保における日本の〝片務性〟に対する批判がからんでいる。しかし、この〝片務性〟自体、もとはといえば「マッカーサー憲法」とまで呼ばれた日本国憲法および対日講和条約とそれに付属する日米安保条約とその関連取決め（地位協定など）という一連の戦後の日米関係の中で、米側によって提起されたものであった。現に、米国は返還時、自衛隊による沖縄防衛問題について、「自衛隊の規模は、あまり大きくしてはならない。適度に抑えるべきだ」（「ケース・スタディ」）とまでいっていたほどである。

また、日米安保が、ベトナム戦争に見られるように、多分に米国の一方的な軍事戦略に利用されたことも事実であった。にもかかわらず、沖縄返還の〝申し子〟ともいえる〝思いやり予算〟は、米側からの強い要請を受けながら、倍々ゲームのように進行していった。

特別協定

最初に姿を現わした一九七八年度予算では、それまでの六五〇〇万ドルベースでとりあえず六二億円（歳出ベース）が計上された。ところが、翌七九年度になると一挙にひろがりを見せ、米軍の施設・区域内の隊舎、家族住宅、環境関連施設の建設から、さらには基地従業員の給与についても、国家公務員の給与水準を越える分を日本側が負担するといったぐあいに、一躍、二八〇億円にはね上がった。

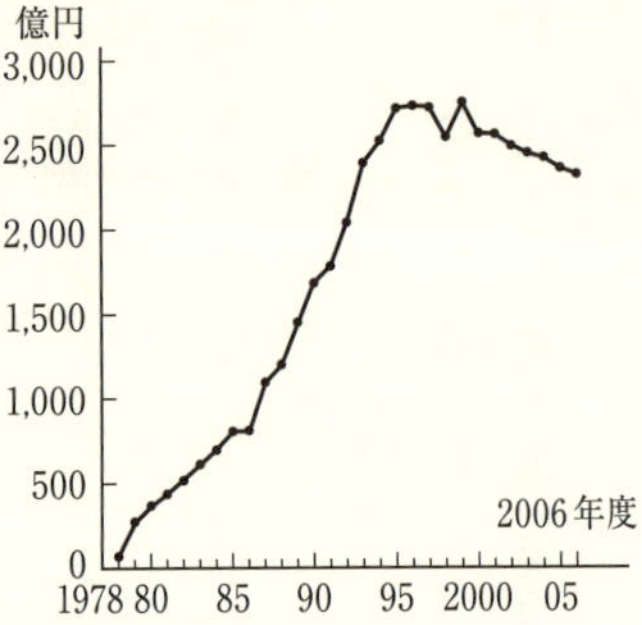

図 **2** “思いやり予算”（在日米軍駐留経費負担）の推移

それから先は、いくら拡大解釈しても地位協定のワクにはおさまりきれなくなったとして特別協定を結ぶに至る一九八七年度の前年度までの七年間、実に三七四億円、四三五億円、五一六億円、六〇八億円、六九三億円、八〇七億円、八一七億円というように、普通、国内予算では考えられないようなハイ・ペースで伸びていく。そして、ついに特別協定によって八七年度に一〇〇〇億の大台を突破（一〇九六億円）することになるのである。大体、このへんでおさまるのではないかと見る向きが多かったが、その一〇〇〇億円を過ぎてからがすごかった。従来のペースの比ではなかったのである。

特別協定締結後は、基地従業員の調整手当(一九八七年度)・基本給、電気・ガス・水道・下水道の各費用、調理用・暖房用・給湯用の各燃料費(一九九一年度)、さらに日本側要請による訓練移転経費(一九九六年度)というように予算費目が続々と追加され、これにともなって、一〇〇〇億を突破した一九八七年度以降を見ると五年後の一九九二年度が一九八二億円、そして一九九四年度からは、二七五六億円をピークに二三〇〇億円以上の高水準を維持している。いまや、在日米軍の総駐留経費の七五%以上は日本側が負担し、米軍が負担するのは自らの装備(一部部品は日本が供給)と給与ぐらいという、世界のどの国に比べてもケタの違う経費分担が協定に基づいて制度化されたのである。

何のための対米軍事支出か

この〝思いやり予算〟の特別協定期限は、これまでは五年だったのを二〇〇六年から二年に短縮した。なぜかといえば、近く実施される日米軍事再編にともない新たに米軍移転費を中心に膨大な予算が加わることは必至の情勢であり、この際、従来の予算をできるだけ縮小する必要があり、またその余地もあると見て、弾力的に対応する構えをみせたものといわれている。

しかし、果たして既成事実として制度化されてしまったものを簡単に削減できるかは、これまでの米側の強硬な態度からすれば、極めて疑わしく、その上、来るべき日米軍事再編に要するといわれている日本側負担は、兆単位の巨額なものであるから、少々の節減などなんの役にも立つまいというのが専門家の一致した見方である。日米軍事関係の〝片務性〟の見返りとしての〝思いやり予算〟が、いま進んでいる日米の〝双務性〟の進展の下にあってもなお存続し続けるということになれば、まさに、米側にしてみれば〝願ったり、かなったり〟の結果をもたらすことになる。

日本のこれまでの対米軍事支出は、日本の国家予算とはまったく世界を異にする〝聖域〟であり、経済的な〝治外法権〟下にあったといっても過言ではない。最大の問題は、それが真に日本と世界の平和のために使われてきたのか、そして、これからも使われるのかという点である。この点を精査すれば、討議すべきテーマは、山ほどある。しかしながら権力と民衆、そしてその間をつなぐメディアのいずれからも、そのようなテーマについて根源的な論議がほとんど聞こえてこない。イラク問題などはその好例であろう。

4　追加された二つの密約

二〇〇〇万ドルの追加

対米支払いに関する柏木・ジューリック秘密合意を受けて、大蔵・財務両当局は一九七〇年から七一年にかけて細目を詰める折衝を重ねたが、その過程で協定に盛り込まれる見せかけの三億ドルに、新たに二〇〇〇万ドルが追加されることになった。それが私の電信文入手によって判明した米軍用地復元補償の肩代わり分四〇〇万ドル、それにＶＯＡの海外への移転費用の一六〇〇万ドルの二件である。

この追加が大蔵－財務によって決まったのか、それとも外務－国務の間でまとまったのかについては、判然としない。しかし、協定調印の年の七一年に入ってアメリカ局長に着任した吉野が財政問題について「最後になって、大蔵省のほうから、〝これだけになるよ〟と言って来たわけです。……そのうちに、最終的には交渉〔外務省の〕の中に入って来て」（「オーラルヒストリー」）と語り、また大蔵－財務の第五回折衝が協定調印直前の四月末に行われていたことがわかっているので、カネに関するかぎりは、やはり大蔵－財務による合意と見るべきであろう。ただし、この合意は当然、協定に関連するので、最終的には電信文記載のように外務省が扱わざるを得なくなったものと見られる。

難航した折衝

まず軍用地の原状回復補償については、米政府は、すでに一九五〇年七月以降六一年七月以前までの間の補償は実施していたが、五〇年七月以前と六一年七月以降については放置したままの状態になっているので、施政権返還にあたり、その間の補償を済ませてほしいというのが日本側の言い分であった。これに対し、米側は、返還にともなう支出には一切、応じられないという基本方針に基づき、「すでに、議会に対し、補償終了の報告をしてしまった」という理由をあげて、日本側要求をはねつけた。

しかし、日本側としては、協定四条の一項にあるように米軍および米当局に対する一切の請求権を放棄している手前、どう見ても均衡を逸している軍用地復元補償ぐらいは国会対策上もとりつけておく必要があるとして、米側の善処を求め続けた。それでも米側の態度はまったく変わらず、折衝は難航した。

窮余の一策

かくして日本側が窮余の一策として出した案が、〝密約〟であった。吉野によれば、事務当局がためらう中を、佐藤自ら断を下したという。この密約は、協定四条三項（一一三頁参照）に米側が〝自発的支払い〟(exgratia payments)を謳うことによって補償に応じたと見せかけるが、実際はそれに相当する金額を日本側が肩代わりして支出し、その分を三億ドルの対米支払いに上積みするというものであった。

米秘密文書にも「日本政府は絶対に公表しないことを条件に、ついに、自発的支払いのために四〇〇万ドルを財政解決金（対米支払い）に追加することに同意した」（二〇〇〇年発覚）とあり、二〇〇二年発覚の文書でも「日本政府は〝自発的支払い〟の字句と引き換えに、三億一六〇〇万ドル（VOA移転の一六〇〇万ドルを含む）にさらに四〇〇万ドルを追加した」と記述している。

ところが、四〇〇万ドルは肩代わりすることになったものの、なお問題が残ったのである。つまり、これまで議会などに、補償は一切しないと約束してきたのをひっくり返して、一転、補償するというのだから、当然、〝一体どうなっているんだ〟という米国内からの反発を招く。この反発をどうかわすか、である。電信文は、そのあたりの事情を次のように指摘している。

「愛知大臣より日本案（〝自発的支払い〟を協定に盛り込む）を受諾されたしと述べたところ、大使（マイヤー）より米側としては日本側の立場は良くわかり、かつ財源の心配までしてもらったことは多としているが、議会に対し、見舞金（軍用地復元補償）については予算要求しないとの言質をとられているので非常な困難に直面していると述べ、スナイダー公使より第四条三項の日本案の文言では必ず議会から財源に関する公開の説明を要求され、かえって日本側が困るのではないか、問題は実質でなくappearance〔見せかけ〕であると補足した。本大臣より重ねて何とか政治的に解決する方法を探求されたく、なお、せっかくの三二〇〔三億二〇〇〇万ドル〕がうまくいかず三一六という端数となっては対外説明がむずかしくなる旨付言しておいた。」

すなわち〝自発的支払い〟を盛り込むことになれば、米側としては、国内とくに議会筋に「これは実は日本側が払ってくれてるんです」という本当のことを明かさざるを得なくなり、もしそれが漏れでもすれば困るのは日本側だろう、といっているのである。

一九世紀の信託基金法

そうこうしている内に、米側が解決のため見つけ出したのが、なんと一九世紀(一八九六年二月)に制定された信託基金法という国内法だった。よく探し出したものである。この法律によれば、「外国政府から米国政府に支払われたカネを信託して使う」ことができる。すなわち、日本から得たカネを別枠にプールして、再び日本からの請求にまわすというやり方である。これにより、電信文にもあるように、米側は、「信託基金法により、日本側提案を受諾することが可能となった」(傍点は引用者)と回答した。

しかし、これで解決かと思いきや、またまた難問が発生した。というのも、米側がこの信託基金設立のため愛知よりマイヤー宛に「日本政府は米政府による見舞金〔復元補償〕支出のための信託基金設立のため四〇〇万米ドルを米側に支払うものである」（電信文）とする不公表（秘密）書簡を発出するよう要請したからである。そして、この秘密書簡は、「政府部内で必要とされる場合にだけ提示するもので、その時でも〝極秘資料〟として扱うので、日本側に迷惑がかかるようなことはない」とし、「本件書簡がないと請求権（復元補償）に関する日本側提案を受諾することはできなくなる」（電信文）という日本側にとって最もいやな注文をつけてきたのである。協定上の表記は認めるが、同時に、その表記を真っ向から否定する秘密取決めをやろうというのだ。

電信文は日本側が先の米案に対し、〝別電〟（別に発信した電報）にあるような対案を示したことになっている。そして、この〝別電〟の内容は、電信文に関連する文書から「日本政府は財政問題の一括決済として協定七条（対米支払い三億二〇〇〇万ドルを指す。一二三頁参照）に同意する。日本政府は、アメリカが四条三項に従って復元補償費を支払うために、この一括決済の中から四〇〇万ドルを留保することを了解する」というものではないかと見られていた。

いずれにせよ、決定的に重要なことは「秘密書簡」発出の有無である。米側は、その書簡のないかぎり、日本側の提案はのめないといっているのだから、結果的に〝自発的支払い〟が協定に明記された以上、書簡の発出はあったと見るのが常識である。そして、発出が事実とすれば、その秘密は、もはや〝違法性〟を免れることはできない。違法秘密が発覚すれば、協定がその瞬間に吹っ飛びかねないという重大事態となる。私の入手した電信文が表に出て以降、政府側が、まず密約そのものを徹底的に否定し、続いて秘密書簡の発出をもまた完全に否定し続けたのは、そのような危機意識の上に立っていたからにほかならない。その先頭に立ったのが、時の外務大臣であった福田とアメリカ局長であった吉野であった。

代表例をあげてみよう。吉野は一九七二年四月三日の衆院予算委員会において社会党委員の質問に対し、次のように答えている。

「先方の問題」

「先方〔米国〕も最終段階になりまして、いろいろ議会の感触その他を打診した結果、この費用〔復元補償の〕が出るのはなかなかむずかしい。こういうことも出てきたわけでございます。したがって先方としましては、たとえばわが方が支払うその中から、その一部を別ワクにして、それで払いたいという気持ちもあったかと思います。ことに、協定上手当てをしないと、アメリカの国民に対して、一体その金はどこから出すのだ、こういうように質問されるから困る、こういう関係で当時の交渉が行なわれたとわれわれは覚えております。したがって、第七条の三億二〇〇〇万ドルの内訳の中にそのようなこと〔四〇〇万ドル〕も入れてほしいという気持ちも先方に十分あって、そういうようなことも、ときには言ってきた経緯があると思います。」

そしてここからがポイントであるが、「しかしながら、最終的には全部拒否したわけでございます。したがって、いまわれわれの目の前にある協定文、すなわち四条三項の協定以外には何ら密約もなければ約束もない、こういうことでございます。したがって、先方がいかなる方法でこの復元補償費を支払うかは先方の問題で」と結論づけている。復元補償費を三億二〇〇〇万ドルのうちから払うかどうか、それは、すべて先方の考えることであって、われわれの知ったことではないというのだ。

法廷での吉野証言

刑事裁判の一審でも、吉野は検察側証人として、一貫して同様な答弁でのぞみ、米側の「財源の心配までしてもらったことは多としているが」の文言についても、それは四〇〇万ドルを日本側が追加し、肩代わりしたことへの謝意ではなく〃三億二〇〇〇万ドル全体への謝意を表したもの〃という趣旨の答弁をして、その場を逃れようとした。文章の流れ、前後の関係からいって、成人の日本人なら、吉野のような読み方はとうていできるものではないし、それよりも、すでに実質六億数千万ドルものカネを手に入れている米側が、軍用地復元補償の話の際にわざわざ三億二〇〇〇万ドルという一部のカネを持ち出して、その礼をいうことなどあろうはずがない。

果たせるかな、こうした検察側の一連の〝偽証〟は、米外交秘密文書によって一挙にくつがえされ、苦しまぎれの隠蔽工作は、すべて白日の下にさらされることになった。すでに日本側による肩代わりの事実は、二つの秘密文書によって証拠づけられたが、こんどは最重要ポイントの〝秘密書簡〟の発出が明るみに出たのだ。「日本案をのむにあたっては、絶対必要」(米側)とされた〝秘密書簡〟は、やはり発出されていたのである。

秘密書簡の発出

検察官は、一審の法廷で吉野に「結局、秘密書簡は発出しなかったのですね」と尋問し、吉野も「発出していません」とキッパリいいきっていた。ところがどうであろう。秘密書簡をめぐるやりとりのあった問題の五五九号および八七七号電信文が発信されてからわずか三日後の一九七一年六月一二日に、吉野・スナイダー秘密合意議事録として二人のイニシアルつきで交換されていたのだ。「マイヤー駐日米大使の沖縄返還書類つづり＝一九七一年六月二四日付で国務省へ提出(「秘」指定)」(返還協定調印は六月一七日)によれば、その秘密議事録は、次のようなものであった。

「スナイダー駐日米公使

土地の原状回復補償費の自発的支払いに関するこれまでの議論を参照し、最終的な金額は不明なものの、現在のわれわれの理解では四〇〇万ドルになるだろうことに留意する。

吉野文六外務省アメリカ局長

貴官の発言に留意する。最終的な額は不明だが、日本政府は返還協定第七条に基づいて支出する三億二〇〇〇万ドルのうち四〇〇〇万ドルを、自発的支払いにあたる米信託基金設定のために確保しておく。公使、貴官の発言に留意する。〔末尾に両氏がイニシアルで署名〕」

米側案に比べ、こんどの案は、「資金源について書くことは受け入れ難い」という日本側要求を容れて、ややぼやけた表現になっているが、このような表現で結着した事情は、八七七号電信文中の次のような一節を見れば、よくわかる。

「表現もより慎重に」

「請求権問題に関連して、ロジャーズ長官は、本大臣〔愛知〕の書簡を必要とする旨述べたので、本大臣より、本書簡は公表されざるものと了解してよろしきやと、念を押したところ、ロ長官は、行政府としては、できるだけ不公表にしておくよう努力する所存なるも、議会との関係で、これを発表せざるをえない場合も、絶無ではないと答えた。よって、本大臣より、本件書簡の表現振りについては、既に東京において一応合意に達した旨連絡を受けているが、これが公表される可能性があるというのであれば、表現も、より慎重に考えたいと述べた。ロ長官は、日本政府の立場も理解できるので、米側の法的要件をみたしつつ、日本側の立場をも配慮した表現を発見することは可能と思うと述べた。」

判決の前提

いずれにせよ、アメリカとしては、日本がわざわざ財源を追加して提供してくれたからこそ補償に応じたのであって、もしそうでなければ、「返還には一ドルも使わない」方針の下、ビタ一文も出すつもりはなかったのである。吉野も最近になって、肩代わりの密約の事実はもちろん、この秘密書簡の存在も認めたのであった。こうなってくると一審の判決とそこでの事実関係を前提とした上級審の判決全体が狂ってくることになる。というのは、一審判決において、裁判官は〝密約〟については、これを極めて遺憾としながらも、なお違法性を認めるまでには至らない理由として秘密書簡の不発出をあげていたからである。

検察側は、その論告で吉野証言に基づき「不発出は明らかである」と断定した。そして、地裁も、判決で「秘密書簡発出の点は、終局的には、米国側からの要求を阻止できたことが証拠〔吉野証言など〕により認められ」として、これを違法性阻却の根拠としたのである。上級審の判示も、そうした事実関係を前提としてなされたことはいうまでもない。

最高裁になると、さらにふるっている。この軍用地復元補償は、「日、米双方ともにそれぞれの対内関係の考慮上、秘とくする事情があったようだが、いずれは国会において審議、検討されるべきものであったから、これをもって憲法秩序に背反するほどのものであるとはいい難い」という趣旨のまったく誤った事実認定の上に判決を下しているのである。

日米双方の立場の違い

最高裁の認識がいかに間違っていたかは、二〇〇二年発覚の米秘密文書の記述によって明らかである。同文書は、この問題をめぐる日米双方の立場の違いを次のように説明している。

〈日本の立場〉
日本政府のこの問題に対するアプローチは、いかなるアメリカとの密約の存在もきっぱり否定するというものである。さらに、アメリカへのいかなる資金提供もないと否定するものである。日本政府は、報道機関からの追及に対して、我々(アメリカ政府)も同一歩調をとるように要求してきている。

〈推奨されるアメリカの立場〉
我々は、日本政府に、我々の側からの情報漏洩がないように全力を尽くすと保証してきた。我々は、上院に対しては、条約に関する聴聞会において、密約事項として、この補償問題の処理について告知しているが、もしこの問題が今後、議会や報道関係からきびしく追及されるような場合には、補償額が推定四〇〇万ドルを超えないことを追認することは避けられないだろう。また、この問題で密約が存在するという事実を追認することは避けられないだろう。

このように、この密約は最高裁のいう「それぞれの対内関係」というよりは、日本政府が、主権者とそれを代表する国会をだますためのものであって、この点で米側に秘匿を頼みこんだものなのである。これに対し、米側も秘密保持には努力するが、厳しく追及されれば、本当のことをいわざるを得ないとまでいい、すでに上院聴聞会で密約の事実を報告しているのである。双方の立場の違いは歴然としている。

さらに、最高裁は、「やがて、国会で審議されるから」というが、その国会での審議を回避し、うまくやり過ごそうというのがこの密約であり、この問題に関するかぎりは、〝審議なき国会〟となるのである。最高裁はこうして初歩的認識の段階ですでに誤りを犯している。こうした誤った判決は、私が先の民事裁判の陳述書(二〇〇六年八月八日提出)でも述べたように「日本の裁判所の体質による面もあろうが、それ以上に、対米支払い問題全般に及ぶ広範な偽証とそれを足場に、裁判の妨害をはかった検察の訴訟主導によるところが大きい」のである。

VOA移転をめぐる密約

財政関係での秘密書簡の第一号は、なんといっても交渉妥結の基礎となった柏木・ジューリック合意議事録であり、そして第二号が、この軍用地復元補償の日本側による肩代わりの書簡であったが、さらに第三号が発覚した。それは、在沖縄VOAの海外への移転をめぐる密約であった。吉野などは、このVOAの方を軍用地復元補償より重視していたほどである。

そして、この密約第三号は、第二号とは違って、二〇〇〇年に見つかった米秘密文書によって、はじめて判明したのである。吉野はＶＯＡ問題について、その「オーラルヒストリー」の中で「一番大きな問題をお話しします」と前置きして、次のように語っている。

「その頃、沖縄は無償で返されるということで、我々もそう信じていたし、佐藤さんもそういう宣伝をしていたわけです。ところが……アメリカが沖縄に設けたいろいろな施設……を第三国へ持って行かなければならない、あるいは撤去しなければならない、我がほうは、〃きれいにして返せ〃ということですからね。それで、〃基地以外では主権行為は一切行わない〃ということになるのです。……そこで、どんなものがあるかと言うと、一番大きなのは、ＶＯＡ―ボイス・オブ・アメリカです。沖縄に放送局を設けて、世界中に電波を発信ないし中継ぎしていたわけです。もちろん、一番大きな目的は、対中共宣伝ですよね。あるいは、対中共傍受かも知れませんが、そのＶＯＡの鉄塔があるし、ステーションもある。……それを、今度はどっかへ移さなきゃいかん。例えば、フィリピンがいいんじゃないかとか、いろいろサジェストしたんです。我々は他国のことですから、〃どこでもいいが、日本だけは困る〃と主張しました。問題は、施設を移転するための費用とか、その他いろいろ費用がかかるわけです。それで、アメリカ……は、〃もう金は一切出さんから、日本が出せ〃ということなんですね。ところが、日本は〃沖縄は無償で返ってくる〃ということを世間に言い放していますから、金を出すわけにはいかない。それで、今まで頑張っていたわけです。そうこうしているうちに……日本側とアメリカ側とが協議して、〃これだけの金が要るんだ〃と。……ツケが回って来たわけです。……金は出せませんからね。非常に困ったわけです。」

移転する際の費用

こうしてＶＯＡ問題が起こった。この問題について、一九七二年五月二八日発の一〇三四号電信文は「ＶＯＡについては総理及び郵政大臣ともようやく本日朝、アメリカ局長よりスナイダー公使に示した線を納得した。しかし、総理は、このためには、本件とワン・パッケージをなしているＰ-３（対潜哨戒機）の那覇空港からの移転が是非必要である旨、強調した。……これに対し、大使より、ＶＯＡ条文は現在までの妥協案に細部の文言の変更を加えれば受諾可能と思う。また、Ｐ３-Ｃは、いまだ訓令はないが貴大臣のＶＯＡとの均衡論はテーク・ノート（留意）する」と記述している。

すなわち、この時点で沖縄返還協定第八条（一二四頁参照）のＶＯＡに関する条文は固まったものと見られる。つまり、Ｐ-３の移転とのパッケージで、本来は即時撤去させねばならないはずのＶＯＡを返還後五年間、存続させることにしたのだ。そしてＶＯＡは、協定第八条により、この協定の効力発生の日から五年間、運営を継続し、同じく効力発生の日から二年後に、将来の運営について協議することに決まった。

これだけなら、まだよかった。問題は、将来、移転する際の費用である。米政府の資産を海外に移す際の費用は、当然、米政府が負担すべきものである。したがって、将来、移す場合、日本政府に公式に請求することなどできるはずがないので、施政権返還時に密かに、概算の一六〇〇万ドルを前払いさせておこうというのが米側のハラだったのだ。そして、結局は、この非合法な負担まで日本は背負いこむことになったのである。

さきの電信文中に、対米支払いは三一六(三億一六〇〇万ドル)となっているので、すでにそれまでに日米の財務当局間で対米支払い三億ドルに一六〇〇万ドル追加することで話がついていたことは確かだ。当然、その取決めは表に出すことはできず、〝密約する〟以外に手はなかった。

「秘密了解事項」

かくして軍用地復元補償同様、秘密書簡が交換されることになった。それが、前掲の秘密文書(マイヤー大使の沖縄返還書類つづり)にいう「日本国外でのVOA施設建設に関する七一年六月一一日付の極秘指定の英文覚書」であり、その内容は、「日本政府が合意した通り、沖縄にあるVOA施設と同等の代替施設を日本国外に建設することになった場合、（返還協定第七条に基づく日本の現金支払い総額三億二〇〇〇万ドルのうち、秘密にしているＶＯＡ施設移転費の）一六〇〇万ドルから代替施設建設に実際にかかるコストを差し引いた額を（日本が物品と役務で秘密裏に負担する）基地施設移転費六五〇〇万ドルから控除する」（末尾にスナイダー、吉野がイニシアルで署名）というものであった。

この秘密合意については、二〇〇二年発覚の秘密文書でも「日本政府は、ＶＯＡの代替施設建設費として一六〇〇万ドルを支出することを秘密了解事項として同意した」と記述している。当然のことながら、返還協定第八条では費用負担には一切触れず、暫定存続期間などが盛り込まれただけだった。

いま、沖縄の米海兵隊の一部（八〇〇〇人）のグアムへの移駐に要する巨額の費用が政治問題となりつつあるが、いまから三五年前、日本政府は、すでに、日本国内の米国の施設、それも非軍事施設の海外移転費を秘密のうちに支払っていたのであり、この種の問題ではすでに先鞭がつけられていたことになる。その意味で、ＶＯＡの密約は過去のものではなく、現在にまでつながっている性質のものともいえる。

以上、述べてきたように、追加された二つの〝密約〟により、協定上の対米支払い額は、三億ドルから三億二〇〇〇万ドルに増加した。そして、米文書が指摘しているように「追加された額について公にしてはならない」とされ、日本側は米側に対し、厳重秘匿を要請し続けた。それだけに、仮にVOA秘密書簡が、私を裁いた刑事裁判中に発覚したとしたら、軍用地復元補償の密約同様、否、それ以上の衝撃を与え、完全な違法秘密として裁判所の判示にも大きな影響を与えたことは間違いない。

返還協定の三つの条項

対米支払い問題を総括すると、沖縄返還協定の第四条三項、第七条、第八条は、それぞれがからみ合った虚偽表示の条項であると断定できる。

ここで、それらの全文を読み直してみよう。

第四条　3

アメリカ合衆国政府は、琉球諸島及び大東諸島内の土地であって合衆国の当局による使用中一九五〇年七月一日前に損害を受け、かつ、一九六一年六月三〇日後この協定の効力発生の日前にその使用を解除されたものの所有者である日本国民に対し、土地の原状回復のための自発的支払を行なう。この支払は、一九六一年七月一日前に使用を解除された土地に対する損害で一九五〇年七月一日前に加えられたものに関する請求につき一九六七年の高等弁務官布令第六〇号に基づいて行なった支払に比し均衡を失しないように行なう。

第七条

日本国政府は、合衆国の資産が前条の規定に従って日本国政府に移転されること、アメリカ合衆国政府が琉球諸島及び大東諸島の日本国への返還を一九六九年一一月二一日の共同声明第八項にいう日本国政府の政策に背馳《はいち》しないよう実施すること、アメリカ合衆国政府が復帰後に雇用の分野等において余分の費用を負担することとなること等を考慮し、この協定の効力発生の日から五年の期間にわたり、合衆国ドルでアメリカ合衆国政府に対し総額三億二〇〇〇万合衆国ドル(三二〇、〇〇〇、〇〇〇合衆国ドル)を支払う。日本国政府は、この額のうち、一億合衆国ドル(一〇〇、〇〇〇、〇〇〇合衆国ドル)をこの協定の効力発生の日の後一週間以内に支払い、また、残額を四回の均等年賦でこの協定が効力を生ずる年の後の各年の六月に支払う。

第八条
日本国政府は、アメリカ合衆国政府が、両政府の間に締結される取極に従い、この協定の効力発生の日から五年の期間にわたり、沖縄島におけるヴォイス・オヴ・アメリカ中継局の運営を継続することに同意する。両政府は、この協定の効力発生の日から二年後に沖縄島におけるヴォイス・オヴ・アメリカの将来の運営について協議に入る。

この三つの条項の裏には、三つの〝秘密合意〟があった。すなわち、総額についての柏木・ジューリック、軍用地問題の吉野・スナイダー、VOAの吉野・スナイダーである。そして追加された二〇〇〇万ドルは、第七条の偽装された内訳、すなわち〝核抜き〟七〇〇〇万ドル、人件費増七五〇〇万ドル中に含まれているのである。もともと〝核抜き〟や人件費増は、数字上の根拠のないものであったが、それが二つの密約金の追加によって、さらに増えたことになる。福田は、かつて国会で「核抜きについては、最初、五〇〇〇万ドルとされていたのを二〇〇〇万ドル増やして七〇〇〇万ドルにした」と答えたことがあったが、その増えた分の二〇〇〇万ドルが二つの密約金だったのである。

かくして第四条三項の〃自発的〃支払いのウソ、第八条のVOA移転費削除（第七条への転嫁）と共に、第七条の対米支払いは、他に多くの協定外支払い（例えば、六五〇〇万ドルの移転改善費や労務管理費、対米無利子預金など）があることも含めて、完全な虚偽の条項であるといわねばならない。

〃偽証〃

前に触れたように、各条項の裏に、それぞれその条項の内容を否定する秘密書簡があるとすれば、その書簡および条項はまったく違法なものとなる。刑事裁判の一審判決が軍用地復元補償問題について「秘密書簡」の〃不発出〃をその違法性欠如の理由にあげたことは、裏返せば、秘密書簡の違法性を認めていたことを証明したようなものである。それだけに検察と検察側証人は、そうした違法性の証明をなんとか阻止しようとして、史上例のないほどの〃偽証〃を繰り広げたのである。その数は、一審だけで十数回に及ぶ。

その中から代表例をあげてみよう（一審）。

検察官　当初、五億ドルぐらいの要求が米側からあったということですが、日本側としては、それだけ払えないということで交渉していたんでしょうね。

吉野証人　そういうことでございます。この交渉は相当長く前から行なわれておりまして、一月〔一九七一年〕に帰ってきた〔駐米公使から本省のアメリカ局長へ〕時には、相当固まってきていた状況にありました。

検察官　三億二〇〇〇万ドルに決まるにつきまして、相当難航したのでしょうか。

吉野証人　……一銭でも安ければ、それに越したことはないわけですから、三億二〇〇〇万ドルという数字を大蔵大臣〔福田〕に呑んでもらうには、非常に苦労したわけです。それで結局、……核抜き返還が……協定に入るのなら、まあ三億二〇〇〇万ドルもやむを得ないということで、ようやく大蔵大臣も、また総理大臣も納得していただいたわけでございます。

検察官　そうすると結局、秘密書簡〔軍用地復元補償についての〕は発出しなかった。

吉野証人　発出しません。

検察官　アメリカ側はそれで了承したのですか。

吉野証人　結局、そうこうしているうちに、……調印日が近づいてくる。アメリカ側も最後まで粘りに粘ったのだろうと思います。しかし結局、わが方から何ら御墨付きをもらえないということで彼らがなんとか自分で解決することになったのだろうと思います。……

検察官　そうすると今までの証言を総合しますと、結局アメリカ側が支払う軍用地復元補償に要する経費を日本側から密かに出してやったという事実はないんですね。

吉野証人　はい、先程申しましたように絶対ございません。

一連の米文書と吉野発言

これらの証言がまったくの〝偽証〟であったことは、これまで引用してきた一連の米公文書だけでなく、当の吉野自身の最近における発言によっても完全に立証された。二〇〇〇年以降、米公文書により、密約の事実が次々に明らかになっていったにもかかわらず、政府がその都度、その事実を否定し、いまなお外務大臣、外務事務次官、北米局長など外務省首脳が否定し続けている原点は、あの裁判での外務省の証人の証言にあった。しかも、裁判で証言した当の本人が秘密書簡への自らのイニシアルを認め、いまや密約を完全に是認しているのである。この厳然たる事実を、彼らは一体どう受けとめているのであろうか。恐らく現代の先進国の中で、このような国は他にないだろう。そのことは、同時に、日本の民主主義の水準なるものを示してあまりある。

国家公務員法第一条一項は、同法の目的として、「国民に対し、公務の民主的且つ能率的な運営を保障することを目的とする」と定めている。したがって、一審の無罪判決が指摘しているように、「公務の内容が違法であって、公務の民主的運営自体が無意味となる場合には、民主的運営の保障のための秘密保持義務は考えられない」のである。かくして、沖縄返還に関する違法秘密をなお頑迷に擁護しようとしている外務省の首脳は、もはや国家公務員の資格を備えていないといわねばならない。

話は変わるが、このあたりで、繊維の問題にもふれておかねばならない。

繊維でも秘密外交

日米繊維摩擦の問題は、施政権返還にあたって交渉上の議題ではなかったが、双方の国内事情から、終始からみついて離れない性質のものであった。日本では、いわゆる米国の圧力を受けた〝自主規制〟には絶対反対の立場をとる繊維業界の猛烈な抵抗により、国会で超党派の決議が成立していた。一方の米国はどうかといえば、ニクソン大統領は、選挙戦で〝南部戦略〟とも呼ばれた繊維問題についての公約の実行を迫られていた。それは日本の対米輸出に厳しい包括的規制を課するというものだった。

こうした双方の激しい対立関係の中で、佐藤はこの問題について、またしても正式な外交ルートを経ない秘密外交の手段を選んだ。事実上、沖縄返還の〝代償〟とされていた繊維問題をめぐる米側の強硬方針を仮に受け入れるとしても、総選挙を前にした国内政局上の観点から、絶対に外部に漏らしてはならなかったからである。

「忍者みたいな人」

この秘密外交において密使として活躍したのが、やはり若泉と高瀬の二人だった。

これにより、日米繊維交渉はいっそう複雑なものとなり、その過程で相互の不信を増幅させる要因となった。その頃、駐米公使として繊維問題に取り組んでいた吉野は、当時の実情を、怒りをこめながら、次のように回想している。

「何回も協定をつくり直す……うちに、だんだんおかしなことが出て来たんです。それは、日本が、〝これはぎりぎりの線だ〟と言って、……トレザイス〔交渉の米側代表〕も、〝では仕方ない。これで結末をつけましょう〟と言って、まとまったと思ったら、翌日になるとアメリカ側の主張がガラッと変わって、違う案が出て来るわけです。それで、トレザイスは僕に、〝実は、これは佐藤さんが日本の忍者みたいな人を通じて、『これでいいよ』というようなことを言って出してきた案だから、日本側の事務当局は揉めるだろうと思うけれども、米政府側も態度を変えざるを得ないんだ〟と。……僕にいうわけですよね。……その忍者なる人物には、後になって二、三回会ったんですが、佐藤さんはその人物を二人ばかり、ワシントンへしょっちゅう派遣していたわけです。……それが、本国から新しい案を持って来るわけです。その案は、本来ならば、日本政府が〝ＯＫ〟のはずなんです。だから、向こうは、それをそのまま我がほうへ突き出すわけです。ところが、それは通産省を通していないのです。だから、我がほうが、またこれを本省へ送り返して稟請《りんせい》すると、通産のほうがまだ駄目なんですよ（笑）。」（「オーラルヒストリー」）

日米間の行き違い

この回想からみてもわかるように、繊維交渉も沖縄返還の財政問題同様、日米双方の間で秘密交渉への受けとめ方が異なっていた。つまり、日本側は密使の折衝の中身を正式の当局には知らせないのに、米側は密使からの案を、商務省や国務省の担当者に知らせていたのである。だから行き違いが生じるのはあたりまえである。ただ、米側は、若泉がその著作の中で述べているように、最終的にはキッシンジャーが〝督戦隊〟の指揮官として裏交渉をとりしきった。

〝忍者〟として衝にあたった若泉によると、結局、共同声明発表前の佐藤・ニクソン会談（一九六九年一一月）で、佐藤は、ジュネーブのガット（関税および貿易に関する一般協定）での〝多国間協定〟の形はとるにせよ、その前に、日米二国間で実質的な合意案を作成する、また、その合意案は、なるべくその年の一二月中にまとめる、という線を約束したといわれる。しかし、その約束は、果たされなかった。以後、繊維問題は、大平・宮沢両通産相の下、七〇年を過ぎ七一年に至るまで、延々と続けられる。両通産相ともに、国会決議をバックにした日本の繊維業界の激しい攻勢をかわすことはできなかったのである。

米案ほぼ鵜呑みで決着

まさに暗礁に乗り上げた観のある日米繊維問題に蛮勇を振るって決着をつけたのが、佐藤派の〝共同経営者〟たる田中角栄だった。一九七一年夏に通産大臣に就任した彼は、よりにもよって沖縄返還協定承認国会の召集の直前に、米案受入れを断行した。

その内容は、対米輸出品目について、総ワク、特殊品目ともに包括的に規制するという米案をほぼ鵜呑みにしたものであった。

田中はこの時点で、沖縄の核や財政問題で〝仕掛人〟として常に佐藤を補佐し続けた福田に対し、ある意味では帳尻を合わせることができた。佐藤はその辺のところを見てとって、あえて〝切り札〟の田中を通産大臣に起用し、返還協定調印後もなお重苦しく引きずっていた繊維問題の妥結にあたらせたともいえる。田中は、池田と佐藤が不仲になっても、池田派とは独自に強いつながりを持ち、池田が病気で退陣の直前、〝内遊〟(地方出張)した際にも、蔵相として同行していたほどだった。そうした関係上、私は田中ともしだいに親しくなり、一九七一年の日米貿易経済合同委員会に同行取材のためアメリカに渡った際などは、やはり同委に通産相として出席していた田中とかなり内輪の話ができるようになっていた。同委の共同声明をスッパ抜いて、田中に〝嫌《いや》み〟をいわれたことをいまでも覚えている。

政治的思惑

外務省詰め(霞《かすみ》クラブ)のキャップから自民党詰め(平河クラブ)キャップに転じ、ポスト佐藤への取材に入ったある日、私は午前中、外務省大臣室で福田に会い、次いで午後から、早坂秘書に頼んで事務所で田中に会った。ポスト佐藤をめぐる党内情勢の解説記事を書くためだ。その時、田中は「旧池田系とは、総選挙でも同じグループとして行動するよ」と、すでに大平派は支配下に置いたも同然の考えを示し、さらに話が日米繊維決着のいきさつに及ぶと、「死ぬ思いでやったが、あれは、あれでよかったんだ。おれにとってもね」と意味深な笑い方をした。先述の〝帳尻合わせ〟ができたということをいいたかったのではあるまいか。

ともかく、日米繊維問題は、沖縄返還の〝代償〟として、田中の決断と実行により妥結した。その背景には、ニクソンの米国内での政略があると同時に、日本側においても、いろいろな政治的思惑が働いていたのである。

第 4 章　変質する日米同盟

日米軍事再編の「ロードマップ」に合意，握手をする(左から)ラムズフェルド国防長官，ライス国務長官，麻生外相，額賀防衛庁長官(2006 年 5 月 1 日，ワシントン，AP Images)

1 安保共同宣言と新ガイドライン

安保変質の第一段階

沖縄の施政権返還は、当時のロジャーズ米国務長官が、従来に比べ大きな前進(advance)と称したように、基地の態様の実質面で、在日米軍の作戦行動をより自由に機能させることができるようにした。日米安保を日本自体の安全との関連においてのみ捉えようとしていた日本政府は、以後は、東アジアの他地域との間にまつわる在日米軍の作戦行動によって生じる〝リスク〟を背負いこむことになった。このことは、沖縄返還を決めた当時の佐藤・ニクソン共同声明と、それと一体をなす佐藤の記者会見での〝発表〟によって明白に裏づけられた。

同時に、沖縄返還は、この基地の態様と合わせて、日本の対米軍事関係支出を大幅に拡大し、さらには、その支出方法を制度として固定化する起点ともなった。特別協定に基づく今日の膨大な〝思いやり予算〟といわれるものの原型は、すでに返還時の秘密合意(米軍基地移転・改良費）の中に潜んでいたのである。

私は、沖縄返還を戦後の日米安保変質の第一段階と位置づける。そして、それから四半世紀を経た一九九〇年代後半に、安保は第二段階ともいえる、さらなる〝変質〟の時期に入る。日米安保共同宣言とそれに基づく新日米ガイドラインの形成がそれである。

すでに冷戦構造が崩壊し、唯一の超大国となったアメリカは、〝世界の警察官〟として冷戦崩壊後の地域紛争、民族紛争などのすみずみにまで目を配り、意に添わない場合は即時介入も辞さないほどの態度をほのめかすようになっていた。この時に、沖縄の地理的条件は、冷戦時とは違った視点から見直され、その戦略的重要性が再認識されるようになったのである。

日米安保共同宣言

一九九六年四月一二日、沖縄現地からの強い要請を背景に、都市部の中にデンとして居坐っていた普天間飛行場の返還すなわち移転計画が発表されたが、その直後の四月一七日に、その返還はあたかも〝見返り〟であったと思われても仕方がないような「日米安保共同宣言」の〝号令〟が下ったのである。当時は、中国が〝台湾独立〟を牽制する意味で台湾近海にミサイルを発射したり、また北朝鮮の武装した兵士が韓国との共同警備区域にしばしば侵入するなどの事件が起こり、アメリカが、台湾関係法との関連で空母を東シナ海に派遣するなど緊張した情勢下にあったことは事実である。

しかし、国防総省に付属するランド研究所の報告にもあるように、アメリカは中・長期的には北朝鮮を脅威の対象とは見ておらず、また台湾情勢にしても、中国の武力侵攻が切迫しているとは考えていなかった。それよりも、念頭にあったのは、アジア・太平洋から果てはインド洋水域までをにらんだ世界戦略の上で、在日とくに沖縄の米軍の有事即応力、ならびに日本との軍事協力を強化することであった。同宣言の骨子は、次のようなものであった。

- アジア・太平洋地域には、依然、不安定、不確実性が存在する。朝鮮半島の緊張、核兵器を含む軍事力の集中化、未解決の領土問題、大量破壊兵器の拡散化などの要因に注意する必要がある。
- 日米安保条約は二一世紀に向けての地域の安定と繁栄維持のための基礎である。その条約のよりどころは、日米両国の緊密な防衛協力と米国による抑止力の維持にほかならない。
- したがって、この際、対ソ連を軸とした一九七八年の日米ガイドラインを見直すとともに、周辺有事の際の両国間の協力関係強化についても研究する必要がある。

新ガイドライン

ここから、安保に一つの区切りをつけることになった新ガイドライン作成の作業がはじまった。そして、その翌年の一九九七年九月二四日、新たな「日米防衛協力のための指針（ガイドライン）」が発表されるに至った。このガイドラインの中でとくに注目されたのが「日本周辺地域における事態で日本の平和と安全に重要な影響を与える場合（周辺事態）の協力」である。

この項目では、「周辺事態は、日本の平和と安全に重要な影響を与える事態である。周辺事態の概念は、地理的なものではなく、事態の性質に着目したものである」と前置きした上、②の「周辺事態への対応」の中で「日米両国政府がおのおの主体的に行う活動における協力」のほかに「米軍の活動に対する日本の支援」をあげ、次のように述べている。

（イ）施設の使用

日米安保条約およびその関連取決めに基づき、日本は、必要に応じ、新たな施設・区域の提供を適時かつ適切に行うとともに、米軍による自衛隊施設および民間空港・港湾の一時的使用を確保する。

（ロ）後方地域支援

日本は、日米安全保障条約の目的の達成のため活動する米軍に対して、後方地域支援を行う。

後方地域支援は、……主として日本の領域において行われるが、戦闘行動が行われている地域とは一線を画される日本の周囲の公海およびその上空において行われることもあると考えられる。後方地域支援を行うに当たって、日本は、中央政府および地方公共団体が有する権限および能力並びに民間が有する能力を適切に活用する。

この支援の中身は、補給(一二項目)、輸送(三項目)、整備(三項目)、衛生(三項目)、警備(四項目)、通信など広範多岐にわたっており、米軍が出撃の際は、自衛隊は一体となって共同作戦に入る仕組みができあがった。後方支援とはいえ、それはあくまで米軍の軍事行動の一環を成すものであり、明確に区別されるべきものではないからである。これは、間違いなく従来の路線から大きく踏み出した画期的決定であった。周辺事態でいう「日本の平和と安全に重要な影響を与える事態」にしても、かつて佐藤内閣がB52の沖縄からベトナムへの発進を〝日本の平和と安全〟に関係すると説明したごとく、米国の軍事戦略に基づく在日米軍の行動が先行し、それを日本側が追認する傾向が強い。

「周辺事態」

さらに注目すべきは、新ガイドラインがその中で「周辺事態」の概念を「地理的なものではなく、事態の性質に着目したもの」とした点である。当時、中国政府は、この新ガイドラインによって、中国の内政問題である台湾問題に介入するつもりなのかと激しく非難した。これに対し、橋本(龍太郎)首相は「いや、これは地理的なものではなく、事態の性質によるもの」と答えるなど釈明に追われていたが、この釈明は、逆に、事態の性質上の判断によっては、米軍はなにもアジア・太平洋の近隣地域にとどまらず、世界のどこにでも出撃し、それを日本が後方支援することを示唆するものともなった。日米安保条約の〝極東条項〟(フィリピン以北と解釈されていた時期がある)はおろか、安保共同宣言でいう「アジア・太平洋地域」にも制約されない広範な地域への出撃にも道を開くことになったのである。

この新ガイドラインを受けて、二年後の一九九九年五月、小渕(恵三)内閣の下で、自民、自由、公明三党の賛成で周辺事態法(ガイドライン立法)が成立し、以降、この法律の延長線上に、自衛隊法の一部改正(警護出動、二〇〇一年)、武力攻撃事態対処法制(有事法制、二〇〇三年)などが目白押しに成立していった。

安保変質の第一段階ともいえる沖縄返還時にあって、問題とされたのは、東アジアの特定地域に向けた在日米軍基地の使用のあり方、つまり〝自由使用〟を実質的に保障するかどうかであったが、第二段階のガイドラインの見直しの重点は、その基地使用の対象領域の拡大とそれを自衛隊が後方支援するというワク組みの新設定であった。

さらに、新ガイドラインで注目すべきは、「情報交換および政策協議」「安全保障面での種々の協力」「日本に対する武力攻撃に際しての共同作戦計画および周辺事態に際しての相互協力」

などがあげられ、すでにその時点で、今日の日米軍事再編の柱となる日米一体化・共同体化の伏線が張られていたことであろう。

普天間飛行場の代替施設

それでは、安保共同宣言の〝見返り〟ともいえる普天間飛行場の返還問題はどうなったのか。橋本・モンデール(駐日大使)会談で打ち出された普天間の返還は、五―七年の間に代替施設の建設を完了することが条件とされていたが、その後、県知事の交代、あるいは受入れ先の反対運動などによって、遅々として進まず、二〇〇三年一月、政府、県、名護市、東村、宜野座村などによる辺野古沖合に代替施設を建設するための協議会が設立されるまで、実に七年もの長年月を要したのである。しかし、稲嶺前知事の主張する一五年使用期限は米側によって拒否され、辺野古現地では、新基地建設反対あるいは環境保全などを掲げた阻止闘争が間断なく繰り広げられ、当局による測量も実施不可能な状態が続いた。

難航の末、結局は、日本側のキャンプ・シュワブ内の陸上案と米側の海上案の中をとる形で、二〇〇六年五月の日米軍事再編の最終報告において、滑走路をV字形とする案で、一応、決着がつけられ、沖縄県および名護市と国との間で折衝に入った。

こうした経過の中で、私は多くの関連資料を調べていくうちに、二、三の疑問を感じるようになった。その第一は、米側が妥結をそれほど急がなかったのは、普天間という拠り所があったからでもあろうが、それよりも、やがて来る日米軍事再編にからめて、日本側負担軽減のシンボルともいうべきこの問題を最大限、利用しようとしたのではないか。さらに、その第二は米側が、内心待ち望んでいた現在の案に誘導するため時間かせぎをしていたのではないか、という点である。

まず、第一の点であるが、日米軍事再編の最終報告の中での次のような記述に注目する必要がある。

「パッケージの中で」

(d)再編案間の関係

• 全体的なパッケージの中で、沖縄に関連する再編案は、相互に結びついている。
• 特に、嘉手納(米空軍基地)以南の統合および土地の返還は、第三海兵機動展開部隊要員およびその家族の沖縄からグアムへの移転完了に懸かっている。
• 沖縄からグアムへの第三海兵機動展開部隊の移転は、①普天間飛行場代替施設の完成に向けた具体的な進展、②グアムにおける所要の施設およびインフラ整備のための日本の資金的貢献に懸かっている。

かつて米国は沖縄返還交渉において、最大の目標であった基地の〝自由使用〟をかちとるため、佐藤が政治生命をかけた〝核抜き〟の問題をギリギリまで引き延ばし、テコとして利用したことがあった。今回も、日本側が基地の整理縮小の一方の「目玉」と見ている嘉手納以南、いわゆる南部の基地群の整理について、あくまでも米海兵隊のグアムへの移転(二〇一四年までに)が完了してからでないと認められないといい、さらに、その海兵隊の移転は、普天間の移転先に具体的な進展が見られ、またグアムのインフラ整備に必要なカネを日本側が負担することによってはじめて実現するという二重、三重のしばりをかけているのである。

このような条件を突きつけられた日本側は、グアム移転費をほぼ米側要求通り受け入れ、また普天間代替施設の建設に全力を上げざるを得なくなる。米国が得意とするこのパッケージ方式の軸は、米海兵隊のグアムへの移転ということになるが、実は移転を望む日本側の要請は、米側にとっては〝渡りに船〟の話だったのだ。

グアムへの海兵隊移転

いま、グアムは米国にとって、東南アジアから中東までを対象とした対テロ戦争の最重要拠点となっている。そのグアムには、空軍・海軍は布陣しているが、海兵隊は駐留していない。そこで総合的な即応戦力を整えるには、どうしても海兵隊が必要となる。ただし、それには多額のカネがかかる。もし、沖縄の海兵隊の一部を日本側の肩代わりによって無償でグアムへ移転させることができれば、こんな都合のいい話はないのである。さきの最終報告は、米国が、海兵隊のグアムへの移転問題をいかに重視しているかを物語ってあまりある。

よみがえる巨大プロジェクト

しかも、ここまで引き延ばされた上、まとまった普天間の移転先、辺野古の陸地と海上をまたぐV字形案は、米国が内々待望していた案ではなかったのか。当初の海上案は見せかけの案で、本当のところは北側に隣接する大浦湾の一部を含む「区域」が最終案として決着するのを待っていたのではないか。こういう推理が十分成り立つ話がここにある。

すでに沖縄の真喜志好一（建築家）や琉球新報の仲田清喜などが米公文書を引用して指摘しているように、米側は施政権返還前の一九六六年の頃、こんどの最終案とそっくりの「大浦湾プロジェクト」なる巨大基地建設の計画を持っていた。

仲田が入手した一九六六年三月四日付の米国民政府渉外局のメモには「久志村（辺野古）で新しく取得する海兵隊の飛行場用地に関する政治的、経済的評価は、大まかに見て次の通り。借地料六万四七〇五ドル。総面積五三一エーカー。農地四一八エーカー。森林一万一〇五七エーカー。墓八〇基。住居四〇戸。畜舎二四棟。高等弁務官は住民移動に要する費用として一家族につき約三〇〇〇ドルを請求」とあり、さらに、仲田は「この文書の中にはないが、飛行場の青写真がすでに海兵隊から国防省に提案され、それには海岸線の九四五エーカーの埋め立ても含まれていることが示されている。埋め立て部分が飛行場で、陸上部分は付属する諸施設の建設場所となるはずだった。同時に、飛行場に隣接して海軍の桟橋建設も構想中だった。この基地建設計画は、日本本土に駐留する海兵隊所属の航空機を移設統合することがうたわれていて、それは嘉手納飛行場と那覇飛行場に駐機する航空機を合わせた数に等しい、となっている。渉外局が見積もった建設総額は一億一一〇〇万ドル。建設に三〇〇〇人の地元労働者を要し、完成後は九〇〇―一〇〇〇人の基地従業員を雇用する規模だった。この構想は、キャンプ・シュワブを拡大強化するものだった」(「『アメリカ世《ユー》』時代の沖縄(5)」『財界九州』二〇〇二年一〇月号)と書いている。

この計画は、大浦湾が、沖縄にはほとんどない水深三〇メートルもある大型艦船の停泊可能な条件を備えていることから、単に飛行場だけでなく、軍港としても使用することを考えていたことがうかがわれる。

結局、この計画は実現しなかったが、その理由としては、当時ベトナム戦争反対の機運が高まりつつあったことと、すでに沖縄の日本復帰が日程にのぼりはじめていた関係上、あえて米国が莫大なカネを使う必要はあるまいという財政上の判断があったと見る説が多い。しかし、一度は見送られた幻の巨大プロジェクトは、実に四〇年ぶりに、六〇〇〇億とも七〇〇〇億ともいわれる日本側負担により再びよみがえろうとしている。もちろん、完成後は〝無期限〟使用とされているので、あえていえば、アメリカによる占領への回帰さえ連想させるのである。

いずれにせよ、新基地の建設は、沖縄にとっては久し振りのことである。これは、新たなる負担の造成である。そして、この東海岸の適地に位置する基地は、まさしくグアムとの間に〝不安定の弧〟に対する軍事ラインを形成することになる。

2　日米軍事再編

（1）防衛・外務の対立

いよいよ、安保の窮極の変質ともいうべき日米軍事再編が近づいてくる。これは第三の段階に入ったといえようが、事柄の性質上、私は〝窮極の変質〟ととらえている。

政府側の呼称〝米軍再編〟

その前に、私はどのメディアも使っている〝米軍再編〟という呼び方に異議を唱えたい。この呼称は、政府側が持ち出してきたもので、メディアはそれに順応しているだけだが、問題の実態を正確に伝えるものではない。なぜかというと、こんどの問題は、世界戦略の基本的な変更による米国の軍事体系の再編成にともない、日本の自衛隊もまた、それに呼応する形で再配置され、米軍との一体化・共同体化を形成することになったものだからである。その意味で私は「米軍再編」を「日米軍事再編」と呼び直し、二〇〇六年五月一五日から三回にわたって連載した「琉球新報」紙上の論考（「日米軍事再編――沖縄返還の今日的意義」）以降、ずっとこの呼称を使っている。

外務省の懸念

この再編については、二〇〇五年二月、日米担当閣僚によるいわゆる〝2プラス2〟で合意された「日米の共通戦略目標」を前提に、同年一〇月二九日、中間報告が承認され、さらに、それを叩き台に、二〇〇六年五月一日、最終報告が採択された。しかし、この報告がまとまるまでの道のりは平坦なものではなく、沖縄返還交渉を再現するかのように、ここでも米側は、切り札を使い分けながら、常に主導権を握り続けた。同時にこの交渉は、日米両国が決して対等ではなく、極言すれば、上下に近い関係にあることを見せつけるものでもあった。

二〇〇五年に入って、まず外務省を中心に、再編に対する日本側の基本的対応を盛り込んだ試案のようなものが、米側に提示された。当時、毎日新聞がスクープした同案では、米側が再編の中核として切望した米陸軍第一軍団本部（米ワシントン州）の座間（神奈川県）への進駐などには触れておらず、基地の整理縮小、とくに移転についても、あまりこだわらず、概して控え目なものだったという。

もともと再編にあたっては、外務・防衛両省庁の間でかなり見解の相異があり、それをキッチリ調整しないまま提示された試案に、米側は、けんもほろろの反応を示したようだ（「毎日」）。

それどころか、米側は交渉の中断を示唆するほどの怒りようだったという。

これに驚いた日本側が、もう一度、出直すことになるのだが、この問題に対する当初の外務省の慎重な考え方には、米側の一方的なペースにはまりこむことを予防するための配慮が働いていた。そこには、極端な日米軍事同盟の一体化は、そこから抜け出すことのできないような体制をつくり上げ、時には独断的な一国主義に走る米国の軍事戦略に呑みこまれかねないという懸念があった。つまり、フリーハンドの余地を残したかったのである。向米一辺倒の外交政策を基軸とする外務省にしては、かなりニュアンスの異なる発想だったが、その背後には、やはり、無謀なイラク戦争に真っ先に同調したことへの反省があったのかもしれない。

ただし、こうした常識的ともいえる態度が、米側の逆鱗《げきりん》に触れたことによってただちに変更されるあたりに、やはり、いまの日米関係のありようが見てとれる。

防衛庁首脳の考え方

むしろこの時、外務省は自らの信ずるところを曲げず、その実現のため、いろいろな手練手管を使ってでもなお全力を尽くすべきであった。しかし、事実はさにあらず、この日米一体化に消極的な「スモール・パッケージ」の立場をとった外務省は、交渉の主役の座を降り、代わって登場したのが、いわゆる「トータル・パッケージ」を主張する防衛庁(現・防衛省)首脳であった。トータル・パッケージ、すなわち米軍との一体化を強力に推進する代わりに、基地の整理・移転などにも成果を上げ、よって地域住民の願望をかなえようという考え方である。

これまで日米軍事同盟強化の路線を走り続けてきた防衛庁は、すでにはずみがつき、自らの機構保持のためにも、この路線から逃れられないような状況にあった。激動し、多様化する国際社会の中で、いま日本はどのような位置にあるのか。さらに、今後その位置を安定させ向上させるには、いまのままのやり方でよいのか。新たなる座標軸を模索する必要ありやなしやという高度に政治的なアプローチを選択するというよりは、やはり、職業的ともいえる軍事優先の思想が支配的であった。また一方では、日常的に基地と地域住民との間に起こる諸問題に振り回されることが多いだけに、それらを少しでも沈静化させることが、日本の防衛力の安定につながるという判断があったことも事実であった。

いずれにせよ、トータル・パッケージがスモール・パッケージを退けたのである。この時点から、再編をめぐる日米交渉は、ラムズフェルド国防長官という米国のネオコンを代表するタカ派によって強引に引きずられていくことになる。

介入せぬ首相

こうした迷走状態の中にあって首相官邸はどう対応したのか。〝打上げ〟のための訪米を六月に控えていた小泉（純一郎）首相にとっては、むしろ問題の早期解決こそが必要とされ、わざわざ中に割り入って調整する気などまったくなかったといってよい。否、それよりも、大義名分が喪失したあとのイラク戦争についてさえ、なお、それを正当化するための弁明を一向に変えようとしなかった人物だけに、防衛庁主導のトータル・パッケージに異議をさしはさむどころか、むしろ、それをバックアップしたフシが見られる。

ともかく、退陣を目前にした小泉がこの問題に介入したことを示すような報道はまったくなかった。防衛庁首脳は、こうした官邸の向米一辺倒の基盤の上に安心してよりかかり、そのめざすところに突き進むことができたのである。

(2) ラムズフェルドの遺産

負の遺産

日米軍事再編は、日本側の主役交代により、主として防衛庁と米国防総省の間で本格交渉に入り、外務・国務両省は、それを補佐するような形で進められた。これにより、交渉を終始リードしたのがラムズフェルド国防長官であった。そして、これを受けて日本側の内部を調整したのが守屋(武昌)防衛庁事務次官であった。

したがって、今回の再編には、当然のことながらブッシュ－ラムズフェルドの中東政策、とくに対イラク政策が色濃く映し出されている。その意味で、今回の再編は、イラク戦争失敗の

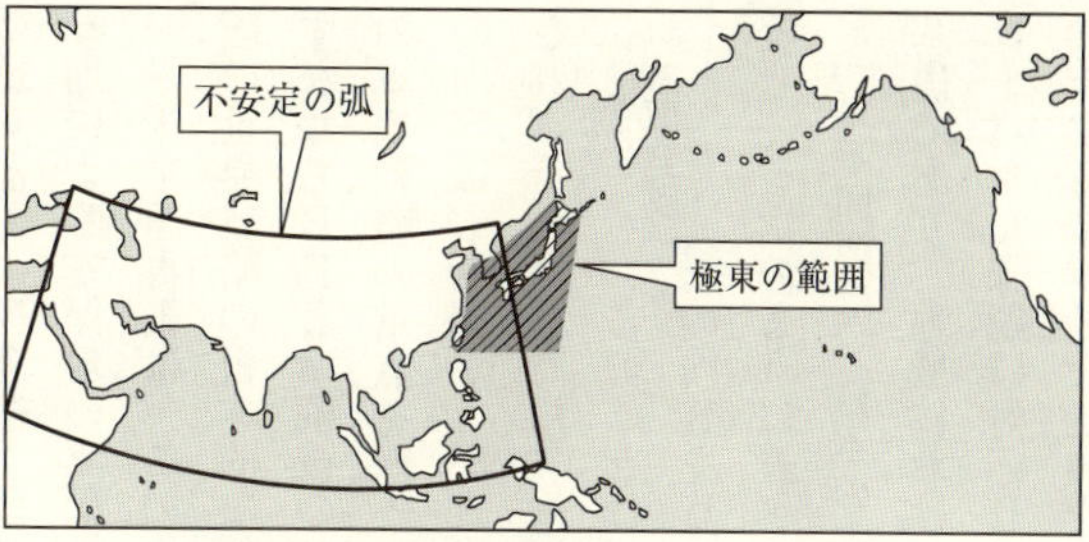

図**3**　「不安定の弧」と「極東の範囲」

責任を問われて、その後、事実上〝解任〟に追いこまれたラムズフェルドの負の遺産ともいうべき性格を帯びている。ローレス国防副次官が指摘したように、「沖縄返還以来の最大規模の日米同盟の変革」といわれる今回の再編が、仮にそのようなラムズフェルドによる負の遺産としてもたらされたものであるとすれば、それは、日本の安全保障の根幹を形成する分野のものであるだけに、根源的な批判を免れることはできない。事は、それほど重大である。だが、日本の政界とメディアのいずれにも、そうした視点からの論議は、まったくといってよいほど見当たらない。

「日米の共通戦略目標」

二〇〇五年二月の「日米の共通戦略目標」では「地域の戦略目標」として、朝鮮半島ならびに北朝鮮問題の平和的解決、中国との協力関係の発展と台湾問題の平和的解決などがあげられ、また「世界の戦略目標」として、人権、民主主義など基本的価値の推進、大量破壊兵器および運搬手段の削減と不拡散の推進、テロの防止と根絶、日本の安保理常任理事国参加による安保理の実効性向上への努力――などが謳われた。

日米軍事再編は、このような共通の戦略目標に基づいて協議されたはずだが、それ以上に米国の世界戦略の根本的な転換を反映したものにならざるを得なかった。米国は、すでに欧州、すなわちEUと冷戦後のロシアとの関係改善などから、同地域を〝安定の弧〟ととらえ、世界の軍事戦略の重点を西から東へ大幅に移し替えることを決めていた。このため、「最終報告」の内容は、米国が〝不安定の弧〟と称する中東から東南アジアにかけての地域への対応に集約され、それは同時に、米国の既成の中東政策の推進を前提とするものとなったのである。

このことは、再編実施のための「ロードマップ」の前文ともいえる「共同発表」

「共同発表」

の内容を見れば、ただちに判明する。「共同発表」は、まず冒頭で日米同盟を賛美して、次のように述べている。

「日米同盟は、日本の安全およびアジア・太平洋地域における平和と安定にとって不可欠の基礎であり、地域における米国の安全保障政策の要である。この強力なパートナーシップはグローバルな課題に対応し、また、基本的人権、自由、民主主義および法の支配といった両国が共有する基本的な価値を促進する上で、ますます重要となってきている。この同盟関係は、地域および世界の安全保障環境の変化に成功裡に適応してきており、引き続き、将来の課題に対応するため、より深く、より幅広く、発展していく必要がある。」

ここでいう「世界の安全保障環境の変化」とは、いうまでもなくイラクを中心とした中東における戦争ないしは紛争を指しているが、その変化に、果たして〝成功裡に適応してきている〟と断定できるかどうかは極めて疑わしいところであり、むしろ逆に危機を増幅させているのが現実ではないのか。

中東全域の〝民主化〟

そして、さらに「共同発表」は問題を中東問題へと集約しながら、次のように強調する。

「本日の会合において閣僚〔2プラス2〕は、新たに発生している脅威が、世界中の国々の安全に影響を及ぼす共通の課題を生み出しているとの見解を共有し、幅広い問題に対する二国間のますます緊密な協力に留意した。……閣僚は、イラクおよびアフガニスタンを再建し、これらの国々において民主主義を強化するとともに、より広い中東における改革の努力を支援するための日米の努力の重要性に留意した」。ここで謳われているのは、イラク、アフガニスタンにとどまらず、中東全域を民主化するための日米の協調と努力である。

かつて米国は、「ドミノ理論」なるものをかかげてベトナムに軍事介入した。この理論は、

「ベトナムが共産主義勢力によって支配されれば、その支配は、やがては東南アジア全域にドミノ倒しのように波及していく」というものであった。しかし、この誤れる理論に基づいたベトナム介入がもたらしたものは、無残な敗北以外のなにものでもなかったのである。ベトナムの天才的な指導者ホー・チミンは、共産主義を〝理想〟とする民族主義者であり、社会・経済の改革者であったのだ。しかるに米国は、この歴史的な教訓があるにもかかわらず、またもや大きな過ちを犯そうとしている。米国の考えるいわゆる〝民主主義〟を、イラク、アフガニスタンの再建(?)を基に、中東の〝より広い〟地域に向けてドミノ倒しのように波及させることは、まさに共産主義が東南アジアにドミノ倒しのようには拡大しなかったのと同様に、否、それ以上に不可能な実験なのである。

チェイニー(副大統領)やラムズフェルドなどに代表されるこうした米国の思想の背後にあるものは、ネオコンサーバティズムに基づく極めて独断的な教条主義であり、かつ一国主義である。そこには、政治学的な、あるいは社会学的な客観性をもったアプローチは絶無に近い。中東を支配しているものは、イスラムの教えであり、かつ宗派なのである。そして、米国はこれら宗派間の抗争を調整するのではなく、むしろ自らの陣営強化のため、その対立をエスカレートさせようとしている。ここから導き出されるものは、中東の融和ではなく分裂であり、それによって中東全域はいまや底なし沼に落ち込むような危険な淵に立っている。日本政府は、このような米国に共鳴し、同調しようとしているのだ。「共同発表」は、共同声明にほぼ匹敵するほどグレードの高い外交文書である。そこに表現されたものは、その国の動かすことのできない意志の確認と表明にほかならない。

米国の対中国政策の転換

それでは、〝中東〟への集約に比べて、〝アジア・太平洋〟については、「共同発表」はどう言及しているのか。この点については、「アジア・太平洋地域も、世界の他の地域同様、不透明性や不確実性を生み出す課題に直面している」と前置きした上、北朝鮮に対し、いつもながら六ヵ国協議への復帰、核計画の廃棄と核拡散防止などを呼びかけているが、アジア社会にとどまらず、国際社会全体に対する発言力を増大し続けている大国、中国については、〝中国〟という字句さえ使わずに、ただ一言、「軍事力の近代化に関して、より一層の透明性を求めた」としているに過ぎない。

この「共同発表」の特徴は〝中国〟の字句が一語も入っておらず、また中国の情勢や今後の動向などについても、一切、触れていないことであろう。ここにも、米国の対中国政策の決定的ともいえる転換を感じとることができる。すでに中国の外貨準備は世界一の一兆三〇〇〇億ドルを超え、米国債の最大の引受け先となった。米国が貿易・財政面での空前の赤字を資本収支の黒字でなんとかカバーしているのも、中国が米国債を大量に購入しているからだともいえる。貿易量の急速な拡大と合わせて、米国にとって、いまや中国は不可欠な取引相手であると同時に、逃げられては困る大事なスポンサーとなってしまった。

しかも、中国は統治の対象として国内にイスラムの問題をかかえており、イデオロギーあるいは思想の面にかぎっていえば、中東とはまったくつながりのない国である。中国の中東政策は、厳密な国益上の計算によってあみ出されていくだけだ。さらに中国は、日本が米国の右へ倣えに終始している間に、東南アジア全域に強大な影響力を及ぼすようになった。また、北朝鮮に対する影響力は、いうまでもないことである。そうした中国であるが、同時に格差・環境問題などの点で一層の国際協力を必要としていることも事実である。ブッシュ大統領は、さきに中国について、ついに〝絶対になくてはならない仲間〟という表現まで使ってしまったが、もはや、この表現を単なる〝社交辞令〟と受けとめる人は、ほとんどいないのではあるまいか。

北朝鮮への冷静な見方

一方の北朝鮮問題について「共同発表」は、国際社会共通のテーマに簡単に触れているだけで、これまた多くを語っていない。

日本では、安倍(晋三)首相はじめ多くの右派勢力が北朝鮮脅威論を叫び、それをもって日本の軍事力の増大と日米軍事同盟強化の有力な根拠に仕立てあげようとしているが、肝心の米国の北朝鮮に対する見方は対中東とは異なって、それほど高ぶったものではなく、一部のネオコンを除いてかなり冷静である。これは、昨今の米朝二国間協議の動きを見ていてもよくわかる。

この点で、「北東アジアで、北朝鮮に対する抑制と防禦の態勢は続けなければならない。しかし、長期的には朝鮮半島の政治的統一、南北和解、あるいは北朝鮮の体制崩壊により、北朝鮮の脅威は消滅し得る」というランド研究所の見解（二〇〇五年五月）は、米国のこの問題についての多数の認識を代弁するものであろう。すでに二〇一二年までに米韓連合軍司令部は廃止され、朝鮮半島有事の際の戦時作戦統制権が韓国へ移譲されることが決まったのも、米国が北朝鮮をそれほど脅威と感じとっていないことを何よりも雄弁に物語っている。すべての重心は、日本へシフトされようとしているのだ。

「再編」への根源的論及を

かくして、米国の目は〝不安定の弧〟の中枢を占める中東に集中する。中でもラムズフェルドなどネオコン・グループの目は、憎悪と嫌悪に染められていた。

「共同発表」は問題を中東に集約した後、再編実施のための一連のロードマップによって「日米の同盟関係における協力は新たな段階に入る」と宣言した。新たな段階とは、取りも直さず、アジア・太平洋よりは、むしろ〝不安定の弧〟に重点を置き替えた上での日米軍事力の一体化である。もっと具体的にいえば、米国を敵視する広範なイスラム圏から発出するエネルギーを武力によって消滅させるための日米軍事共同体の編成ともいうべきものである。現に、この発表の直後、額賀防衛庁長官は、「対テロ対策の上で、日米安保の枠組みを変える必要がある」と発言した。

こうして、ラムズフェルドの負の遺産ともいうべき日米軍事再編のロードマップが完成した。この遺産は、ラムズフェルドが事実上〝追放〟され、米国内においてイラク政策を含む中東政策全般に対する本格的見直しがはじまろうとしている時に、果たしてそのまま継承されてしかるべきものなのであろうか。

こんどの再編は、二一世紀の日本の国際社会における進路を方向づけるほどの重大性をはらんでいる。それだけに、このラムズフェルドの遺産の継承にあたっては、根源的かつ広範な論及が必要とされるのである。

(3) 沖縄基地再編の内幕

抑止力維持と基地負担軽減

これまで見てきたように、沖縄返還から今日の日米軍事再編に至るまでの間、日米安保は、基地使用の弾力化と基地関係支出の日本側への転嫁、そして基地使用の対象領域拡大と自衛隊の後方支援、さらに日米双方の軍事力一体化・共同体化という形で変質を遂げてきた。その過程で日本政府は、〝核抜き本土並み〟という虚像にはじまって、以後、抑止力の維持とか基地負担の軽減というキャッチフレーズを流布しながら、メディアと国民世論を操作し、政府に有利な方向に誘導する工作を繰り広げてきた。安保共同宣言とそれに続く周辺事態法、さらに日米軍事再編のいずれにおいても、政府は詳細な説明責任を避け、ひたすら抑止力の維持と負担軽減という二つの抽象的なアピールを投げ続けてきたのである。

しかし、この二つのアピールは、果たして実態を正しく伝えているのであろうか。〝核抜き本土並み〟と同じように、実態とはかなりかけ離れた宣伝文句となってしまっているのではないか。ことが、外交・安保という国の基本政策にかかわる問題であるだけに、われわれは常にそのような疑問を提起し、検証を続けなければならない。しかし、いまのメディアは必ずしも、そのような期待に応えてくれていない。

抑止をめぐる疑問

〝不安定の弧〟内の争乱の分子は国境を越えて広範囲に分散し、しかも気脈相通じた連鎖行動を展開することを考える時、果たして、日米がかなりの遠隔の地で軍事的に一体化し、各種の共同行動をとるとしても、それが抑止につながるといえるのかどうか。その意味で、こんどの一体化は抑止力の概念に入るのかどうか、まず大前提から問題が生じる。さらに、〝抑止〟に名を借りた〝先制〟もあり得る。イラク戦争の例のように、仮にその〝先制〟が日本と世界の平和と安全にかかわりがないと判断された場合、再編によって形成されるほぼ完全に近い日米一体化の機構の中で、果たして、その〝先制〟への参加を拒否することが可能なのかどうか。それ以前に、そもそも人種・宗教を異にする一国が単独で、他の領域に対抗し、介入すること自体、すでに抑止の概念から外れているのではないか、という疑問が相次いで生じてくる。

集団的テロの複合的要因

一般に集団的・組織的テロは、歴史的・社会的・経済的、そして時には宗教的などの複合的要因の下に発生する。とくに、イスラムの対イギリス、対アメリカのテロには、そのことがいえる。これらの複合的要因を無視して、単に軍事的手段で、しかも一国による過剰介入によってそれを制圧することは、まず不可能であろう。カール・マンハイムやマッキーバーなどの近代社会学者は、これらの根本的命題について貴重な教訓を与えてくれている。むしろ、一国の単独主義による介入という手段から撤退して、国際的な機関を通じた徹底的な話し合いと協議とによって中心的課題であるパレスチナ問題を解決するという手法こそが、対テロの真の抑止力となるのではないか。もし、そのような平和的手段によっても、なおテロが横行する事態となれば、その時こそ、アメリカではなく、国連が多国籍軍を編成して収拾に当たればよい。その場合、こんどはテロの大義名分が失われているからだ。

たしかに、テロのよって立つ名分を絶滅することは不可能であろう。しかし、かつて一三世紀に、神聖ローマ帝国のフリードリッヒ二世がヨーロッパ社会の反対を覚悟の上で一時的にせよイスラムの王、アル・カーミルとの間にエルサレムの帰属をめぐって平和条約を結んだ事実に照らせば、それから八〇〇年たったいま、人類はまったく進歩していないどころか、逆に後退しているといっても過言ではない。アメリカのネオコンは、その後退の〝象徴的存在〟である。

こんどの再編をめぐる「共同発表」は、それほど複雑で根の深い問題を掘り下げることなく、いとも簡単に対象を中東に〝集約〟し、それに基づいた一体化・共同体化をアッサリと宣言したのであった。

〝返還〟と〝移転〟

これまで抑止力の問題を論じてきたが、一方の基地の負担軽減のアピールはどうなのか。

普通、その施設なり区域が完全に撤去されるか、あるいは返還されてはじめて〝軽減〟となる。これが常識である。撤去はされるが、その代替施設を別につくる場合、それは

"軽減"ではなくリロケーション(再配置あるいは移転)である。日本では、これが混同されて、リロケーションなのに〝返還〟とされてしまうことが多い。

好例が普天間飛行場である。橋本・モンデール合意の時などは〝ついに返還が決まった〟といって騒がれたものだ。普天間は、たしかに市街地の中の、いまある場所から、やがては姿を消すことになろう。しかし、それはあくまで辺野古に代替施設が完成(二〇一四年の予定)してからのことである。まだまだ先の話なのだ。

そして、負担には施設や区域にかぎらず、当然、金銭の問題も含まれるので、リロケーションがすべて日本側の負担となることから、むしろ〝軽減〟ではなく〝増加〟となるケースが多い。この場合、納税者の立場からいえば、明らかに負担増となるのである。このへんをしっかり監視しておかないと大変なことになる。守屋次官が、米軍再編には、グアムへの海兵隊の移転を除いても二兆円はかかると発言したが、その大部分は、移転費用である。再編においては、〝返還〟とはいえ実際は〝移転〟が多いので、日本側の財政負担は一挙に増大する。問題のポイントは、財政難の折から、日本がそれほどの負担増を背負いこんでまでするほどのメリットがあるかないか、そして米側に極力求めるべきは移転ではなく撤去であるということであろう。

次に、再編の二本柱である一体化と負担軽減がどう具体化したかを検証してみよう。

ロードマップの内容は、①沖縄における再編、②米軍司令部能力の改善、③横田飛行場および空域、④厚木飛行場から岩国飛行場への空母艦載機の移駐、⑤ミサイル防衛、⑥訓練移転——となっている。この内の焦点は、やはり、①と②と、次いで②との関連での③である。

基地の整理縮小と日米共同声明

まず、①の「沖縄における再編」であるが、これが政府のいうように基地の整理縮小と県民の負担軽減に直接つながるものなのかどうかを考える前に、この整理縮小という復帰後、一貫して取り上げられてきたテーマが、これまでどのような推移をたどってきたのかを確認しておく必要がある。

この問題の原点も、やはり佐藤・ニクソン共同声明にまでさかのぼらねばならない。それは〝復帰〟を決定した一九六九年のそれではなく、復帰の日取り、すなわち一九七二年五月一五日を決めた同年一月のサンクレメンテにおける佐藤・ニクソン共同声明であった。同声明では、基地の整理縮小問題をはじめて取り上げ、次のように言及した。

「総理大臣は、大統領に対し、在沖縄米軍施設・区域、特に人口密集地域および沖縄の産業開発と密接な関係にある地域にある米軍施設・区域が復帰後できる限り整理縮小されることが必要と考える理由を説明した。大統領は、双方に受諾しうる施設・区域の調整を安保条約の目的に沿いつつ復帰後行うに当ってこれらの要素は十分に考慮に入れられるものである旨を答えた。」

しかしながら、これは多分に佐藤の〝沖縄花道〟を飾るためにとってつけられた〝経文〟のようなもので、対するニクソンも〝辞令〟上、形をとりつくろったものに過ぎなかった。吉野の告白にあるように、整理縮小計画は一応打ち出されたが、「実質的な話し合いは、ほとんどされていなかった」のである。もとはといえば、沖縄の米軍基地の縮小ではなく、その機能を最大限、維持し、拡充するための施政権返還であった(米秘密文書、二〇〇二年発覚)が故に、ニクソンにとってこの声明は、単につき合い上の建前を述べたに過ぎなかった。

県民の怒りとSACO設置

整理縮小の問題にゆさぶりをかけ、米側が表面上であれ、前向きに対応せざるを得なくなったのは、日本政府の血のにじむような努力によってではなく、沖縄の施政権返還が沖縄民衆の激しい運動によって促進されたと同様に、これまた、民衆の天を衝くまでの〝怒り〟と運動によってであった。

一九九五年九月の米兵による少女暴行事件は、それまでの度重なる米兵事件に対する県民の鬱積した感情を爆発させ、ただちに大規模な抗議集会が開かれるとともに、連日のようにデモが繰り広げられた。同年一一月、当時の村山（富市）首相が来日したゴア副大統領との会談で「沖縄における米軍施設の整理、統合、縮小の促進と基地から派生する諸問題の解決」のため、「日米安全保障協議委員会」の下に「沖縄の施設・区域に関する特別行動委員会」（ＳＡＣＯ）の設置を決めた背景には、そのような社会情勢の盛り上がりがあったのである。

ＳＡＣＯは普天間を含む一一の施設と五〇〇〇ヘクタールの土地の返還（移転を含む）を決め、これにより沖縄基地の整理縮小が小規模であれ、日程にのぼるようになった。しかし、仮にこれらの施設と土地が返還されたとしても、在日米軍基地専用面積の七〇％は、なお沖縄に存在する。それまでの七五％が五％減るだけである。しかも、その五％にしても、あれから一〇年がたったいまなお、大半は返還されていない。

施設返還の前提条件

沖縄の基地の分布状況（一六六頁参照）を見ると、その六九％弱は、普天間の移転先が予定されている辺野古の「キャンプ・シュワブ」を含む北部地区に集中している。これに次ぐのは、中部地区の二九％強であるが、この地区は、占有率は北部よりは少ないが、太平洋最大の米空軍基地といわれる「嘉手納」そして「普天間」などの重要基地が存在する。

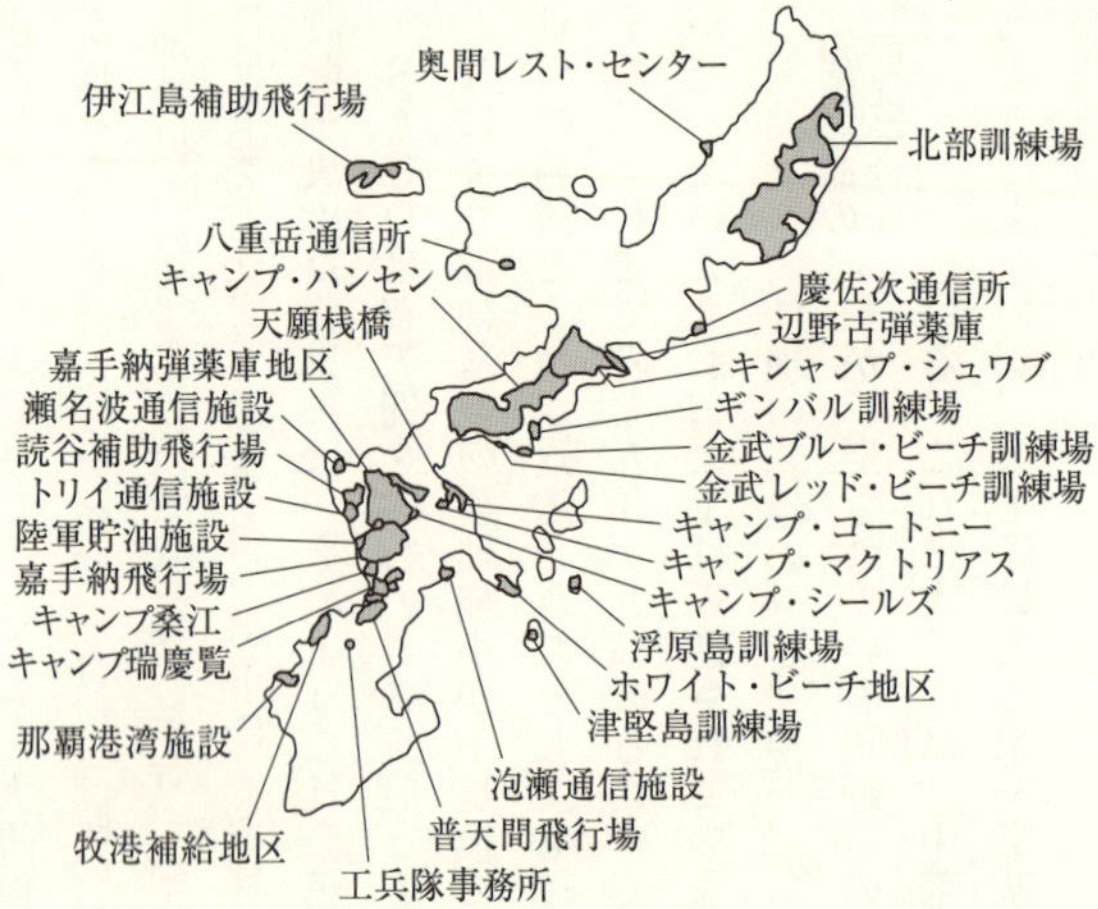

図4　沖縄本島の米軍施設・区域

こんどの米軍再編で、一応、全面ないし部分返還の対象となるのは、その「嘉手納」以南の次に掲げる六施設である。

- キャンプ桑江＝全面返還
- キャンプ瑞慶覧＝部分返還
　部分返還および残りの施設とインフラの可能なかぎりの統合
- 普天間飛行場＝全面返還
　（この返還は、代替施設が完全に運用上の能力を備えた時に実施される）
- 牧港補給地区＝全面返還
- 那覇港湾施設＝全面返還
　（浦添に建設される新たな施設に移転）
- 陸軍貯油施設第一桑江タンク・ファーム＝全面返還

ここで注目しなければならないのは、厳密な意味での〝全面返還〟は三ヵ所であって、他は移転であるということ、さらに、これら六ヵ所のすべてに厳しい前提条件がつけられているということだ。つまり、それぞれが独自に扱われるのではなく、すべてがその前提条件の上に立って、パッケージとして包括的に解決されることになっているのだ。

その前提条件とはなにか。さきにも指摘したように、それは、第三海兵機動展開部隊要員、およびその家族のグアムへの移転完了である。これは、グアムへの移転の対象としてキャンプ瑞慶覧、牧港補給地区の海兵隊が含まれている面もあるが、そこには、グアムのインフラ整備のため日本側が負担する巨額の資金を早急に確保しておこうとする米側の企図が、ありありとうかがえる。

さらにこの件は、グアムへの移転は普天間の代替施設完成のメドがたってからでないと実施しないという条件までつけられているのだ。本来、普天間の返還は、米軍再編がまだ表面化していない、かなり以前に持ち上がっていた問題であるのに、それが引き延ばされた（引き延ばしたのかもしれない）のを幸いに、最大限、再編問題に利用されているといえる。

グアムへの米海兵隊移転費

このように見てくると、再編問題の中心は、グアムへの米海兵隊の移転にしぼられてくる。たしかに日本側は、沖縄の海兵隊が米軍の多数を占め、その削減がないかぎり、住民の負担は軽減されないとの判断に立って、米側の善処を要求してきたのかもしれない。ところが、先述のように、グアムに海兵隊を含めた三軍統合の機能を整備拡充したい米側にとっては、実は、その日本側要請は〃歓迎すべき提案〃なのであった。

そこで問題となったのが移転費である。在日米施設の海外への移転費を日本側が負担するケースは、返還時に極秘とされたVOA以外はまったく先例がなく、日米地位協定上も疑義が生じる性質のものであった。それを日本国内同様の通常の移転費として扱おうというのだから、当然、国会で論議されねばなるまいが、それ以上の問題は移転費の「内訳」である。

グアム移転経費の内訳に関する防衛庁発表の資料を見てみよう。

その総額は、実に一〇二億七〇〇〇万ドル(約一兆二〇〇〇億円)である。このうちの七五%を日本側が負担すべしというのが、当初の米側提案であった。施設・区域の提供も含めて現在の在日米軍駐留総経費の七五%を日本が負担していることから、その比率をそのままこの移転費に適用したのである。

〃まず総額ありき〃

ここでまず問われねばならないのは、この総額である。総額なるものは、当然のことながら、沖縄の海兵隊の一部にあたる八〇〇〇人とその家族約九〇〇〇人の移転にあたっての費用の綿密な積算の上に成り立つ。国家間の交渉として、費用が国民の税金によってまかなわれる以上、その積算の根拠は正確なデータに基づき、国会を通して国民に説明され、了承されなければならない。この原則に照らして考えれば、再編の「最終報告」の中で明らかにされた経費の内訳には多くの疑問点があり、国家間の重大な交渉事にしては、あまりに杜撰《ずさん》といわねばならない。

グアム移転経費の内訳 （単位：億ドル）

	事業内容	財源	金額	
日本側の分担	司令部庁舎 教場，隊舎 学校等生活関連施設	財政支出	28.0 （上限）	
日本側の分担	家族住宅	出資	15.0	25.5
日本側の分担	家族住宅 「融資等」	効率化	4.2	25.5
日本側の分担	家族住宅 「融資等」	融資等	6.3	25.5
日本側の分担	基地内インフラ （電力，上下水道等） 「融資等」	融資等	7.4	
日本側の分担	計		60.9	
米国側の分担	ヘリ発着場 通信施設 訓練支援施設 整備補給施設 燃料・弾薬保管施設 などの基地施設	財政支出	31.8	
米国側の分担	道路（高規格道路）	融資 その他	10.0	
米国側の分担	計		41.8	
総額			102.7	

＊「効率化」は民間企業の参入を想定
（資料） 防衛庁

かつて沖縄返還交渉の対米支払い問題で、日本側は当初、国会承認をとりつけるにあたって、厳密な積算方式が採用されねばならないと主張した。これに対し米側は、まず望まれる総額を念頭に置き、その額は積算方式によってはとうてい達成されないとして〝つかみ金〃方式、すなわちランプ・サム(lump sum)方式を強硬に主張して譲らず、結局、日本側が折れて、米側の方式によって交渉がまとまったという経緯がある。その結果、〃まず総額ありき〃で、内訳はあとで取って付けられ、このため日米双方の国内説明に大きな食い違いが生じるという事態を招いた。同時に、対米コミットをそのままストレートに国内に説明すれば、大きな摩擦と軋轢《あつれき》が起こるので、それを回避するため数々の密約を結び、協定を捏造するという偽計が画策された。

ぬぐえぬ疑い

こんどのグアムのケースも、まさにあの沖縄交渉のやり方を地で行く感をまぬかれない。米側分担の四一億八〇〇〇万ドルの内訳を見ると、ヘリ発着場、通信施設、訓練支援施設、整備補給施設、燃料・弾薬保管施設などの基地施設、それに高規格道路という抽象的な項目が並べ立てられているだけで、項目ごとの数字には、一切、触れていない。項目を並べることぐらいはだれでもできることである。また、道路に一〇億ドルという切りのよい額が計上されているが、道路と移転との間にどんな関係があるかも説明されていない。現に、グアムの建設業者の間では、移転費は〃一〇二億ドル〃の三分の二で十分と見られているとの報道もあったほどである。もし、この三分の二から道路費を差し引けば、ほとんど全額が日本側負担となってしまう。

相手の足もとを見た上で、最初、必要以上の巨額をふっかけて歩留りをよくするというやり方は、沖縄返還時の例を見てもわかるように、米側の最も得意とするところである。そうした推理を否定するというのなら、四一億八〇〇〇万ドルの項目ごとの積算とその根拠を詳細に明記し、立証しなければならない。

米側にしてみれば、先述のように、空、海、海兵隊の三軍統合によるグアムの即応戦力充実(これは、岩国の海兵隊所属のCH-53Dヘリコプターをグアムへ移すことによってもよくわかる)のためには、沖縄海兵隊の無償移転と合わせて日本の支援による巨大なインフラ整備が最も望まれるところであろう。それだけに、今回の移転費がグアム全般のインフラ拡充に回されかねないという疑いは、どうしてもぬぐいきれない。少なくとも発表された内訳を見るかぎり、そのことがいえる。

本末転倒　さらにこの問題では、グアムの米軍基地は秘密のベールに深く包まれ、外部からの監査など容易でないことから、米側のいいように扱われかねない面もある。それだけに一層、綿密な説明責任が要求されねばならないのである。

しかるに日本政府は、積算根拠を問い質すことなく、米側提案の総額をあっさりと認めてしまった。その上で、七五%の要求を五九%まで引き下げさせた点を盛んにアピールした。これは、まさに本末転倒のやり方で、米側の思うツボにはまるようなものである。政府は、日本側負担分はもちろん、それと表裏一体の関係にある米側負担についても、国民に徹底的に説明する責任があることを知るべきである。

グアムへの海兵隊の一部の移転は普天間の代替施設の完成とパッケージされているので、関連の日本側負担は、それだけでほぼ一兆三〇〇〇億円に達する。これに他の移転・改良費などを加えれば、米軍再編関係費は、沖縄だけで一兆五〇〇〇億円を超える膨大な額になる。この血税が主として米国の対中東軍事戦略に費消されるということになれば、果たして日本の国益上、有効な投資なのかどうか、考えさせられる課題であろう。

(4) 日米一体化の構図

窮極の変質

日米軍事再編は防衛庁と米国防総省との間で一致したトータル・パッケージ方式によって実施されることになった結果、一体化に向け、新たなる段階に入った。そして、この一体化こそが、こんどの再編の最大の狙いであり、その意味で日米安保体制は、現行の法制下にあっては、それ以上を望めない窮極の変質といわれるべきものへ転化した。

それは、日本国憲法の外堀だけでなく内堀の一部をも埋めかねない性質のものとなった。まさに、ローレス国防副次官のいう「沖縄返還以来の最大規模の日米同盟の変革」である。この〝変革〟が、米国のグローバルな軍事戦略、とくに〝不安定の弧〟に向けられた集約的な戦略の一環として遂行されようとしていることは、「最終報告」により、もはや否定することのできない現実となった。

米陸軍の第一軍団

そうした一体化のシンボルともいえるものが米陸軍第一軍団（米ワシントン州フォートルイス）の座間への進駐である。その軍団の概略をＲＩＭＰＥＡＣＥ編集部がまとめたレポートや在日米軍および第一軍団の公式ホームページなどに基づき、以下、説明しておきたい。

第一軍団の主力は、第二歩兵師団第三旅団と第二五歩兵師団第一旅団（約二万人）だ。その特徴は、重装備よりはスピード展開を重視する対テロ新戦略の旗手ともいうべき存在で、命令が出れば、四日以内に世界全域に出動することができる。この軍団は、横須賀の第七艦隊や沖縄の第三海兵遠征軍と共に、米太平洋軍傘下の総合任務部隊に指定され、これまで中米、ボスニア、中東、韓国、日本、タイなどに部隊を派遣し、最近では第二歩兵師団第三旅団が二〇〇三年一一月から二〇〇四年一月まで、また、それ以降は第二五歩兵師団第一旅団が、それぞれ交代でイラクへ派遣されている。その行動範域は、米本土の太平洋岸からアフリカ大陸東海岸まで及ぶ。

日本へ移駐する理由

それでは、米国防総省は、第一軍団司令部をなぜ米本土からわざわざ日本へ移転することを決めたのか。

それは、米国の軍事戦略の重点が西から東へと移され、太平洋軍の活動の比重がますます強まる中で、第一軍団が、総合任務部隊として同じく太平洋軍に所属する第七艦隊や第三海兵遠征軍と共同作戦を展開する機会が急速に増大したためとされている。また、この司令部が日本、韓国、ハワイなどの軍隊を統括することにより、機動力を向上させる狙いもあるという。さらに日本の〝思いやり予算〟という財政上のメリットも進駐を促す要因となったのではないかとの観測もある。

極東条項への抵触

しかし、米陸軍改編の核ともいうべきこの話は、決してトントン拍子で進んだわけではない。日本政府は、二〇〇三年末に米側からの打診を受けて以来、検討を重ねてきたが、外務省の一部を中心にかなりの慎重論があり、当初の再編試案では、この問題をはずしていたほどであった。というのも、第一軍団の行動範域がアジア・太平洋全域から中東を含むインド洋にまで及ぶことから、これをそのまま容認すれば、日米安保条約の〝極東条項〟に抵触し、激しい論争を巻き起こしかねないことを懸念したからにほかならない。

しかし、米側の強硬方針に押しまくられて、この一体化にあまり乗り気でなかったグループのスモール・パッケージ論は、結局は消えてしまった。それには、新日米ガイドラインなどで〝極東条項〟はすでに自然消滅したという判断もあった。

「新しい枠組み」

かくして、〈沖縄返還―安保共同宣言とガイドラインの見直し―日米軍事再編〉の流れの中で、第一軍団の司令部が二〇〇八年度までに座間に進駐することが本決まりとなり、これにより、日米安保は日本および極東の安全という領域から離れて、世界全域を対象とした米国の軍事戦略体系の中に正式に位置づけられることになった。

この新たな枠組みは、日本側の積極的な対応によって完結する。防衛庁は第一軍団司令部の進駐に呼応して、大臣直属の中央即応集団を編成し、二〇一二年度までに同司令部を同じくキャンプ座間に移し、米側との共同作戦に参画することを決めた。こうなると、日米同盟はもはや共同体と呼ぶにふさわしいほどの関係を形成したといえる。額賀前防衛庁長官のいう「日米安保の新しい枠組み」は、将来の課題ではなく、すでに具体的に動き出したのである。

日米空軍の一体化も、陸軍と並行して進展する。航空自衛隊総隊司令部は二〇一〇年度までに、現在の府中から米第五空軍司令部のある横田基地に移転し、共同統合運用調整所において、防空やミサイル防衛も含めて米側と緊密に協力することになった。

日米両当局は、こうした一連の一体化を円滑に運ぶため、現地対策として〝アメ〟を用意することも忘れていなかった。「最終報告」に盛り込まれた横田基地管制下の一部空域の開放、そしてキャンプ座間および相模総合補給廠内のわずかばかりの土地や施設の返還と特定区域の使用認可などが、それである。これらは、いわば日本の首都圏内に日米軍事共同体の中枢機構を固定化させるにあたってのささやかなるプレゼントである。

実行される「最終報告」

こうして日米軍事再編は、今後、二〇一〇年もの長きにわたって、「最終報告」のロードマップに従って着々と実行されていく。だが、今回の日本の選択は、ことの重要性から見て、あまりにも単純過ぎる。その後の政治、メディアの動向を見ても、「最終報告」に示された重要問題について、根幹を問うような論議はなされていない。

二〇〇六年一一月の知事選および二〇〇七年四月の参院補選(投票率は最低の四七・八%)でもわかるように、報告の中の核心部分を占める沖縄においてさえ、そうした論議はほとんどなかった。最大のテーマである米海兵隊のグアムへの移駐などは、すべて日米軍事再編から派生する問題であるのに、肝心のその再編が日本にとっていまなぜ必要なのか、それは将来の日本の国際的地位にどんな影響を与えるのかという本質的な論議が、精力的に展開されることはなかった。主に取り上げられたのは、基地の移転をめぐる局地論だけだった。日本の安全保障全体の観点から沖縄の問題に取り組んだかつての意欲は、すでに去勢され、政府からの援助の増大、あるいは開発への助成などの要望に取って代わられようとしているように見える。たしかに、沖縄は風化しつつある。しかし、本土の民衆の無関心さに比べれば、まだ、そこには期待されるべきものがなにほどかは残っている。

こんどの再編の日本側方針の策定にあたって、防衛当局が終始、交渉をリードできたのも、もとはといえば、民衆の日米安保に対する極端ともいえる無関心とそれに連動したメディア、とくにテレビ・メディアの消極的報道に起因している。厚木から岩国への空母艦載機の移駐や米軍訓練の移動などをめぐる現地住民の反応はあっても、それは地域の利害の問題として取り上げられるだけで、安全保障や外交の根本的なあり方にはつながっていない。

監視のないところに巣食うのは、腐敗と偏向である。防衛施設庁の指導による軍需産業の談合は、実に三〇年もの間、発覚しなかった。歴代の防衛庁長官はカヤの外に置かれ、官僚主導の下に、産軍共同体に近い体制がつくられつつあったのだ。

同盟としての条件

その意味で、再編案作成の過程で一時あった外務・防衛両省間の意見の相違と対立は、防衛当局の偏向を矯正するという点でも一つのチャンスだったのだ。しかし、小泉内閣の末期にあって、また、その同盟絶対の体質面からも、首相官邸による関与と調整はほとんど行われなかった。政府部内の一部にあったスモール・パッケージは確かに基地縮小の面で批判の余地はあったが、それでも、米軍との共同体化を極小化するという点では示唆に富む見解であった。これを追求していけば、二一世紀の日本の安全保障と外交の基本に触れるほどの問題に突き当たるからである。

主権国家間の同盟は、どちらか一方が自らの戦略・戦術を提示し、その実現に向け、他方を一方的に誘導していくというのではなく、双方が主体を維持しながら、一致点を見出す努力を傾注してはじめて成立する。この観点からすれば、日本側が当初、提示した試案なるものが米側の逆鱗に触れて、ただちに撤回された時点で、すでに同盟としての条件は失われていたといえる。その結果は、ラムズフェルドの遺産ともいうべき極めて独断的な米国の戦略（〝不安定の弧〟対策）論に裏打ちされた報告を生み落したのである。

見えないビジョン

いま、安倍内閣は、米国の「国家安全保障会議」に似た組織を首相官邸に設置する準備を進めている（これにより、秘密保持のための罰則が一層重くなる恐れがある）。大統領制の下にある組織を単純に導入しようとしても、議院内閣制と独特の官僚制を持つわが国で、果たして有効に機能するかどうか極めて疑わしいが、その前に必要なことは、首相とその周辺に、二一世紀を通じたわが国の国家戦略確立に向けての意志と展望があるかどうかである。首相のいう〝主張する外交〟からは、北朝鮮に対する激しい怒りは聞こえてくるが、それ以外の、例えば外交・安保の基軸とされる米国への姿勢などは集団的自衛権を中心とした〝双務性〟の強化に触れるだけで、体系的なビジョンはまったく見えてこない。

ブッシュ政権が、二〇〇六年秋の中間選挙で〝イラク不信任〟を突きつけられ、大敗を喫した問題で記者団から感想を聞かれた際、首相はなんと答えたか。「他国のことをとやかくいう必要はない」――ただこの一言だけだった。そうかといって、〝ブッシュ批判〟をやってのけた久間防衛大臣に注意することもなかった。

イラクを軸とする中東問題は、単に米国だけの問題ではなく、日米同盟に基づいてイラク戦争を積極的に支持し、その大義名分が失われた後もなお擁護し続けた日本にとっても、また極めて重大な問題である。しかし、首相の口からは、政権発足以来いまだ一度も〝イラク〟への具体的見解が語られていない。米国の〝不安定の弧〟に対する軍事戦略とそれへの日本の対応の仕方などについても、然りである。

国民的な論議を

ロシア・中国・カザフスタンなど六ヵ国による上海協力機構の発足、あるいは中南米の非米・反米化にみられるように、多極化・流動化する複雑な国際社会の中で、イラクをめぐって米国の威信と指導力に翳りが見えはじめたこの時に、単に〝ブッシュ追随〟の小泉内閣の路線を踏襲し、日米軍事一体化を柱とする「最終報告」のロードマップをただ忠実に履行していくというだけなら、もはや新たに「国家安全保障会議」なるものを設置する意味もなければ、必要もない。この「最終報告」は、イラクの失敗により解任されたラムズフェルドが、なお健在なりし頃、彼の主導下に作成されたものである。それだけでも、この報告は日本のこれからを方向づけるガイドラインとしての適格性を欠いているといわねばならない。

米国は、いま日本に対しては、対中東に集約した軍事戦略に組み込むことによって、ギリギリのメリットを得ようとしているが、他方、中国そしてインドなど今後の新しい世界のリーダーに対しては、共存の確立を前提に、多角的なアプローチを積極的に推進しつつある。

このような情勢下で、日本が全世界をにらんだ長期の国家戦略を持たずに、ひたすら日米軍事一体化という奇異なまでの単独行動に走ることが、果たして賢明な選択であるかどうか。国民的な次元で論議されなければならないのは、まさしく、この問題にほかならない。

第5章　情報操作から情報犯罪へ

吉野文六・元外務省アメリカ局長の発言を報じる「北海道新聞」2006年2月8日付の1面(右)と35面

1　密約を生む土壌

日米交渉の構図

これまで見てきたように、日米同盟は沖縄返還を起点として、既成の法体系の下、自衛隊の海外派兵のための特措法など次々に新たなる立法措置が講じられるなかで変質を重ね、いまや憲法第九条問題を残すだけともいえる段階にまで達した。この過程で、日米交渉を支配する一つの法則に近いようなものが存在した。それは、米側がまず交渉の主導権を握り、その上で自らの利益貫徹のため、各種の戦術を巧みに駆使しながら日本側の譲歩をかちとっていくという構図である。そして、占領の残滓といわれるものがもたらす側面と同時に、米国の核抑止力に依存せざるを得ないという日本側の固定観念が、常に米側に交渉のイニシアチブを握らせた要因のように思われる。

ベトナム戦争やイラク戦争に見られるように、核抑止力なるものがもはや一種の幻影と化しつつある現代においても、依然、核保有超大国としての既得権を維持し続けるためには、米国にとって核の〝恐怖〟は鳴物入りで宣伝しなければならないテーマであり、核拡散防止に向けての激しい攻勢も、ある意味では国家エゴの形を変えた表現ともいえる。核拡散防止条約に加入していないインドに査察条件なしで原子力燃料を供給する方針を示すなど、二重基準と批評されても仕方のないような政策をとるのも、所詮は、この国家エゴから来ているといってよい。

米核抑止力への依存

しかし、日本は唯一の核被爆国として、本来なら世界の圧倒的多数の非核保有国家群の盟主的存在となって核軍縮に向け全力を上げねばならないはずなのに、あえてそのような努力を避け、ひたすらに米国の核抑止力に依存し、その範疇においてのみ行動するという選択を取り続けている。世界第二の経済大国が、第一の経済大国に安全保障の基本をすべて依存するというやり方自体、まことに不思議な話であるが、日本では、それは〝神話〟となって一種の秩序と化している。

ともかく、これまでの安保にからむ日米交渉は、時の米政権の発想と思惑を前提に進められ、日本側がそれをどこまで許容するかの範囲内で行われてきたことは確かである。そして、これまでの実績に照らして考えれば、その結果はすべて〝許容〟というよりは〝受諾〟に近いものであることが判明する。日米同盟の変質にともなう日本の軍事化と憲法九条の空洞化は、常にこのようなパターンで進行してきた。こうした交渉だけに、日本側の説明は主として〝建前〟

を強調し、米側がその〝実際〟つまり〝真実〟を説明するようになりがちである。

「きれいごと」

ここに、密約が結ばれ、条約・協定が捏造されるという先進国の間ではあまり例のないような犯罪の発生基盤がある。対米コミット（約束）をそのまま国内にストレートに伝達することによって生じる摩擦や軋轢を回避しようとするからだ。とくに、時の政権が歴史に残るような業績を上げようとして政治生命をかけて取り組む場合、この回避のための工作は際立ったものとなる。その典型が沖縄返還交渉であった。吉野も、その「オーラルヒストリー」の中で、沖縄交渉への感想として「あまりにもきれいごとをやろうとしたことが、根本問題だと思います」と述べている。そして、この〝きれいごと〟のために行われたのは、もはや情報の操作ではなく、〝情報犯罪〟とも呼ばれるべき性質のものであった。

私は、さきに提訴した民事裁判の法廷での「意見陳述書」（二〇〇六年八月八日提出）において、はじめてこの〝情報犯罪〟という表現を使った。

〝核抜き本土並み〟

一般に、権力がその企図するところに向けて民衆を誘導するため、メディアを通じ、都合のよい情報を選抜し、それらを集中的に伝達・流布するやり方を〝情報操作〟と呼ぶ。この手法は、本来、権力に潜在的にある性向である。

沖縄交渉でワン・フレーズとして盛んにＰＲされた〝核抜き本土並み〟は、その好例である。

米側にとって、返還時に戦術核・メースBを抜くことは、緊急時の再持込みさえ保証されておれば、戦略上、それほど重要視するほどのものではなかった。それよりも、先に詳述したように、基地の最大限の〝自由使用〟とくに朝鮮、台湾、ベトナムなどへの〝自由使用〟のほうが、はるかに重大な、必ず達成しなければならない目標であった。この目標は、ロジャーズが、返還協定調印の後、「従来に比べ大きな前進」と評価したように、共同声明と一体とされた佐藤の記者会見の〝発表〟により事実上、達成された。しかし、佐藤、愛知など交渉当事者は、在日米軍基地はあくまでも日本の安全のためにのみ使用され、事前協議はなんらの例外なく適用されるという点を機会あるごとに強調し続けた。同時に、核の〝緊急時持込み〟はもちろん隠した上で〝核抜き〟を沖縄返還の最大の成果として大々的にアピールした。まさしくそれらは〝情報操作〟の名に値するものであった。

しかしながら、その操作がいったん違法の領域にまで入るとすれば、それはもはや〝操作〟ではなく〝犯罪〟に変わる。先述の章とやや重複するが、沖縄交渉の本質を知る上で、その〝情報犯罪〟の内容を改めて総括してみよう。

虚偽表示の数々

第一に、協定第七条の虚偽表示である。同条は、返還時の核抜き、米資産の継承、日本人労働者の雇用上の負担増などにより、米国に三億二〇〇〇万ドルを支払うとしている（一一三―一二四頁参照)。しかし、この金額の中には、軍用地復元補償やVOA移転の肩代わり分、計二〇〇〇万ドルが含まれている。さらに、米連銀への無利子預金による一億一二〇〇万ドルの供与分や基地の移転・改良費六五〇〇万ドル、日本人労働者の社会保障関係費三〇〇〇万ドルなど一連の対米支払いは、すべて極秘事項として盛り込まれていない(一〇〇頁の図1参照)。また〝核抜き〟について、同条は、「一九六九年一一月二一日の共同声明第八項にいう日本国政府の政策に背馳《はいち》しないよう実施すること」と規定しているだけで、緊急時の核持込みについての日本政府の事実上の了解に関する佐藤・ニクソン合意には、当然のことながら、一切、触れていない。したがって、この点でも、同条は虚偽表示となる。

第二に、協定四条三項の虚偽表示である。同項は軍用地の原状回復にあたって、米側は、一定期間内の分を〝自発的に支払う〟と規定している。しかし、日本側が秘密書簡によりその分の財源を肩代わりし、対米支払い額に追加したことが明らかになったのにともない、〝自発的支払い〟がウソであることは完全に立証された。

第三に、第八条の虚偽表示である。同条はVOAの五年間の暫定使用と二年後の将来の運営についての協議を規定している。しかるに、これまた秘密書簡で明らかにされたように、将来の撤去の際の費用を一六〇〇万ドルと想定して、これを第七条の対米支払い額決定の際、追加支出し、事実上〝前払い〟しているのである。

国権の最高機関とされる国会の承認案件、とくに国の予算案同様、自然承認が認められている最高度の案件について、虚偽の表示、つまり協定の偽造そのものが違法であることは明白である。この違法性については、先述のように、検察側は偽証によりその証明の阻止に全力を上げた。しかし、その後の数々の客観的証拠により、それらの偽証は完全にくつがえされた。

よく考えてみれば、そうした政府の組織犯罪は、大胆至極なものだった。だが、対米コミットと国内説明の絶対的な矛盾の中で、吉野が指摘したように最大限の「きれいごと」を求めようとすれば、落ち着く先は、やはりそのような犯罪ということにならざるを得ない。

沖縄の返還は、南方の楽園が戻ってくるということではない。自由に機能する全方位の巨大軍事基地が正式に日本の領土内に帰属することになるのだ。この交渉結果は一過性のものではなく、後々までつながる起点ともなるものである。それを隠蔽したり、偽装したりすると、その瞬間から、沖縄返還はもはや国のためのものではなく、一政権のためのものへと変質する。なぜなら後にその結果への対価を払うのは当時の政権ではなく、主権者たる国民全体だからである。

2　秘密体質の形成

日米繊維交渉

沖縄返還に終始からみついた日米繊維交渉でも、その過程で秘密取決めをめぐるやりとりがあった。ただし、この交渉はその性格上、結果としての〝密約〟は不可能であった。交渉結果を実行するのは、政府ではなく、ほかならぬ繊維業界であったからだ。だから、佐藤が超党派の国会決議を受けて、交渉を二年間も引き延ばしはしたが、結局は、田中が強引に米国案を丸呑みする以外、手はなかったのである。

ところが、交渉結果を政府が実行する分野になると、とたんに日本独特の秘密主義がまかり通る。それはなぜなのか。佐藤―福田ラインが沖縄交渉で密室外交を繰り広げ、主権者を代表する国会の審議を実質的になきものにする〝見せかけ〟の協定案づくりに踏み切った裏には、メディアを含めた民間の社会を〝被治者大衆〟として見下す体質があったのではないか――という根の深い問題がある。そして、彼らが、重大な統治上の問題についての責任の追及に甘い民衆の側の弱点を体験的に感じとっていた面も、否定できないところであった。

権力の構造

日本の近代国家は、市民社会の基盤の上にではなく、藩閥、財閥、軍閥などの支配層が現人神《あらひとがみ》としての絶対君主の権威を盾に、上意下達により築き上げたものであった。もちろん、戦後民主主義もGHQと日本の官僚機構によって上から形成されたものであり、たしかに民衆は形式上は〝主権者〟ではあるが、実態はあくまで統治の〝客体〟であり、主体ではなかった。

そして、戦後復興が初期の段階で公共投資優先の形で推進された関係上、財政権（予算編成権）を持つ大蔵省を軸とした官僚機構がその主導権を掌握し、国家権力の事実上の中核としての地位を確保するようになった。この官僚機構、とくにその中心の大蔵省からやがて政治の世界へ多くの人材が進出する。一方、財界は経済再建の過程で官僚機構への依存度を強め、密接なつながりを持つようになる。ここに、日本特有の政・官・財癒着の構造ができあがったのである。

この構造の特徴は、内部の緻密化にともない、ますます閉鎖的となり、その結果、国家情報は厳重に秘匿され、特殊な回路によって、ふるいにかけられたものしか外部に伝わらない傾向を強めていく。外務当局のバックグラウンド・ブリーフィング（背景説明）などはその最たるものである。

さらに、この癒着に日米同盟が加わることによって、日本の権力構造はいっそう重層化し、複合化する。沖縄交渉で日本側が〝秘密〟の厳守を米側に頼みこむ場合がしばしばあったが、それなどはまさに、日本の権力構造の何たるかを象徴してあまりあるものであった。こうした鉄壁に囲まれた権力構造の内部から、いわゆる違法な永久秘密を告発することは、まず至難の業であり、また日本の官僚の意識の面からも、そうした告発は一度たりとも行われたことはなかった(吉野がこのタブーをはじめて破った)。

民衆と権力とマスコミ

一方、これに対する民衆からの監視はどうなっているのか。また、民衆と権力の間にあって情報を媒介するメディアの機能は、果たしていかように展開されてきたのか。

まず、民衆の監視能力が十分に発揮されているかどうかは、重大な公的関心事項への責任追及の度合いによって測定することができる。この点で、アジア・太平洋戦争の敗戦に対し、日本の民衆は自ら立ち上がって、敗戦の責任を追及しようとしたことがあっただろうか。A級戦犯は連合国によって裁かれたが、民衆は、ただそれを傍観するだけだった。ドイツ人は、一九六〇年代になってからフランクフルトで進んで法廷を立ち上げ、ユダヤ人迫害の責任を徹底追及したが、日本にはそのような傾向はほとんど見当たらず、ぬるま湯のような環境の下、A級戦犯に準ずる戦争当事者ないしは協力者が、戦後一〇年たつかたたないかの間に続々と復帰していった。その中には、戦後民主主義体制のトップ・リーダーとして再登場した政治家もいた。

復帰をめぐる工作や運動はかなり大々的に行われたようだが、戦前・戦中の反省から時代精神の旗手として再出発したはずの基幹的マスコミ、とくに新聞も、ほとんど関心を払わなかった。戦後六〇年余りたって、ようやく読売新聞が渡辺恒雄主筆の主導の下、戦争責任のキャンペーンをはじめたことを見ても、当時の日本の水準がいかに低かったかがよくわかる。

平成大不況の責任追及

第一の敗戦がそうだったように、〝失われた一〇年〟とも呼ばれた第二の〝敗戦〟すなわち平成大不況の責任の所在とそれへの追及もまた、放置されたままだった。

一〇年もの長きにわたった平成大不況は、プラザ合意に見られるように、米国から誘発された面があり、素人が考えてもミスとわかるようなあの大金融緩和によるバブルの形成とその崩壊が、多分に人為的なものであったことを疑う向きはほとんどないといってよかろう。そのことは、同じような米国からの圧力を拒否したドイツの例を見ても、十分うかがうことができる。

しかし、この一〇万人にも及ぶ自殺者を出したとさえいわれている恐怖に満ちた〝敗戦〟の公的責任、とくに政治・金融の分野における責任を継続して追及したメディアは、まるで民衆の無関心に連動するかのように、皆無に等しい状態であった。現に、当時の政治の最高責任者の一人は、その責任を問い質されることなく、今日に至っている。日本と米国を含む欧米諸国との決定的な差は、ここにある。イラク戦争にも見られたように、欧米諸国の場合、この種の問題であれば、必ず調査を開始するはずである。

かくして、主権者であるはずの民衆の権力に対する監視能力が大勢として不足していることは、いまやだれの目にも明らかである。日本の民衆は権力に向き合いながら権利を強く主張するというよりは、権力からの呼びかけに〝対応〟しながら生存を保つといういわゆる〝対応型〟の部類に属するといってよい。統治する側にとって、これほど好都合なことはなく、彼らは、民衆の弱点、すなわち瞬間的には反応するが、一過性ですぐに終わってしまうという性向を知りつくしている。沖縄交渉における〝密約〟には、こうした背景もあげられるのである。

メディアの「客観主義」

このような社会状況は、権力と民衆の間で情報を媒介するメディアの役割を増大させる。というよりは、メディアはその社会状況に応じて自らに課せられた役割を自覚し、それを十全に果たさなければならないはずである。それがなければ、対権力のバランスは大きく崩れ、民主体制の基礎が揺らぐ恐れさえ出てくるからだ。

しかし戦後、新たなスタートラインに立った新聞は、ＧＨＱによって出端《でばな》をくじかれた面があったにせよ、時代に即した問題をその都度提起して民衆のエネルギーを引き出そうとするのではなく、どちらかといえば事実の公正な報道、国家情報の正確な伝達といった「客観主義」を行動原理とするようになった。これを徹底すれば、民衆の代弁としてではなく、政府の広報的役割をになうことにもなりかねず、また時流の中に問題を掘り起こすというよりは、時流そのものへ埋没してしまうという危険性をはらむことになる。日本の新聞が公的関心事項に対して継続的・系統的なキャンペーンを展開することにあまり熱心でなく、一時的・断片的報道にとどまるとの批判は、そうした無難な客観報道に起因しているともいえる。そして、民衆に刺激を与えるのではなく、逆に民衆に同化して、本来の任務に背離する傾向を生む。

さらに注目すべきことは、テレビ・メディアなどマスコミの急激な発達により、一九六〇年代を転機に、大衆社会というステレオタイプ（無個性化）の社会が形成されたことである。市民社会の要素が欠けている日本にとって、大衆社会状況化のテンポは早く、それにより、精密な組織的機関をもつ国の情報力はいっそう強化されると共に、一方では、大衆次元への下方硬直の現象を生み出した。権力から流されるワン・フレーズは、計算された周到な戦略に基づいてメディアに流され、メディアはそれに対応し、さらに脚色して、無関心層を一定の方向に押し流す役割をになう。この傾向は、二〇〇五年九月の総選挙においても見事なほどに立証された。

三〇―四〇代の意識

さらにまた、日本の社会状況に節目をつけたもう一つの問題がある。六〇年安保時に生まれた世代はすでに四〇代となり、続いて七〇年安保時の世代は早くも三〇代と、社会の中堅層を占めるに至った。日米安保の枠組みの中で、追随を続ける日本の国際行動には見えてくるものがなにもない状況の中で、一挙に到来した平成の大不況は彼らに決定的ともいえる経済的ショックを与え、それへの対応に追われている間に、その意識の大半は当面の生活関連に限定されるようになった。一九九〇年代の日米安保共同宣言とガイドラインの見直しという安保の重大な変質に対しても、彼らは鋭敏に反応することもなく、メディアもまた、これに釣られて一時的報道にとどまってしまうという悪循環をもたらしたのである。

外交・安保への無関心

こうして、外交・安保への関心の弱さは、日本の社会に定着した。日米両当局にとって、これまた都合のよい条件が付け加えられたといってよい。そして、両当局の閉鎖的体質は、このような社会基盤によっていっそう促進され、固定化することになる。外交・安保への無関心について、最近の事例をあげてみよう。

まず、イラクである。二〇〇六年の米国の中間選挙は〝ブッシュのイラク戦争〟に不信任を突きつけた。これに対しブッシュは国防長官を交代させた後、新たに米軍二万人以上をイラクへ増派し、治安を改善した上で、漸次、撤退を開始すると発表し、いわば最後の賭けともいえる戦術に出た。

イラクはいまや国際政治における最大のテーマであり、日米同盟によってブッシュのイラク戦争を一貫して支援し続けてきたわが国にとっても、また避けて通ることのできない最重要課題である。しかも、イラクを軸とした中東の問題は、来るべき日米軍事再編とも密接不可分な関係にあることは、すでにその「最終報告」によっても明らかである。しかし、安倍首相は、これにつき、どのような見解を表明したのであろうか。

首相は、二〇〇七年一月の通常国会冒頭の施政方針演説で、まず「〝世界とアジアのための日米同盟〟はわが国外交の要であります」と前置きした後、「世界全体の平和のためには、中東地域の平和と安定は不可欠であり、我が国の国益にも直結します。依然、厳しい状況が続くイラクについては、航空自衛隊の支援活動やＮＧＯとも連携したＯＤＡの活用により、我が国としてふさわしい支援を行ってまいります。アフガニスタンとその周辺での国際的なテロの脅威を除去、抑止する国際的な取り組みに対し、引き続き協力してまいります」として、従来の路線を説明するだけで終わっている。また、日米軍事再編についても「在日米軍の再編については、抑止力を維持しつつ、負担を軽減するものであり、沖縄など地元の切実な声によく耳を傾け、地域の振興に全力をあげて取り組むことにより、着実に進めてまいります」とあっさり片づけている。

一方の野党はどうかといえば、第一党の民主党の小沢代表は、その代表質問で、ついに中東情勢ならびに再編問題にはまったく触れなかった。そして他の野党も大同小異であった。新聞・テレビなどのメディアは、イラクをめぐる米国の国内情勢については、初の女性下院議長の登場やクリントン上院議員の女性として初の大統領選出馬など興味を引く話題を織りまぜながら、かなり詳細に報道した。しかし、肝心のわが国の対イラク政策への影響やわが国の今後の取組み方などについては、ほとんど報道することはなく、一方の日米軍事再編全般についても、普天間の移転をめぐる局地的動向を簡単に伝えるだけで、最近は、まったく鳴りを潜めてしまった。

意識の〝格差〟

自民党が掲げる重点施策は、憲法改正と並んで経済成長力の強化、チャレンジ可能な社会の構築であり、片方の民主党は、まさに、所得格差の解消を最重点施策にあげている。メディアの世論調査でも、民衆の関心度の上位は、格差の是正、年金・保険など日常生活上の諸問題によって占められ、安全保障などは、最下位に近いランクづけとなっている。

しかし、この際、日米軍事再編の「最終報告」(二〇〇六年五月一日)をもう一度じっくりと読み直してみてはどうだろう。その「共同発表」と「ロードマップ」に描かれている再編計画なるものは、今後の日本の国際的地位に決定的ともいえるつながりを持つだけでなく、財政面でもこれまでとはケタの違う膨大な負担が追加されるなどの甚大な影響を及ぼしかねないという点で、内政諸問題に匹敵するか、あるいはそれ以上の関心をもって取り上げられるべき性質のものなのである。

首相がいう「抑止力の維持と負担軽減」は、この問題の本質からはずれた、レベルの低い情報操作でしかない。「抑止力の維持」は米国との一体化による「世界戦略への参画」と置き替えられるのが正しく、また「負担の軽減」は「新たなる負担の追加」と言い換えられてはじめて真相が見えてくる。

沖縄の嘉手納以南の基地の一部返還ないし移転にしても、沖縄返還以来、はじめての巨大かつ半永久的な新基地の建設と引き換えに実現するものであり、しかもその費用たるや、それだけで一兆数千億円に達することは既に述べた通りである。

いま、われわれが問いかけねばならないのは、所得の格差と同様に、意識の〝格差〟である。もし、日本が世界の先進国クラブの一員としての地位を守り、すでに目前に迫っているアジアの新興大国との競争に伍していこうというのであれば、それにふさわしい高度の国際意識を抱くべきであり、その面での〝格差〟を是正することこそが先決である。

3　情報犯罪は続いている

私がこれまで指摘してきたように、わが国の場合、その歪《いびつ》で閉鎖的な権力の構造、民衆の政治的無関心、とくに外交・安全保障に対する関心の低さ、その間に位置するメディアの権力への対応と民衆への下方硬直――大衆社会の形成にともなうステレオタイプ化――という一連の社会構造の中で、政府の秘密体質が成立し、その結果として、情報操作および情報犯罪が集積されていく。

〝密約〟否定発言

それを如実に示しているのが、ここ数年間続いている政府首脳による相次ぐ、〝沖縄密約〟否定発言である。この否定発言は、去る二〇〇〇年五月、我部琉球大学教授が国立米公文書館から入手した米国の外交秘密文書の内容が朝日新聞によって大々的に報道された際以来、延べ数十回にわたって繰り返されてきた。

同文書の内容は、すでに紹介したように、軍用地復元補償、ＶＯＡ移転の肩代わりの両秘密書簡や六五〇〇万ドルの基地移転・改良費など対米支払い全般にわたっており、これによって、柏木・ジューリック秘密合意以降の追加分も含めて密約の全貌をほぼ知ることができる。報道は、その概要を示したものであった。これに対し、当時の小渕内閣の河野外相(現・衆院議長)や青木官房長官(現・参院自民党議員会長)は「沖縄協定がすべてで、密約の事実はない」とだけ語り、それ以上の説明は一切しなかった。

一方、秘密書簡のイニシアルの本人である吉野は、朝日新聞の取材に対し、イニシアルそのものは認めたものの、書簡の内容については「一切、関知しない」として、なんら説得力のないコメントしかしなかった。以降、政府による一連の〝密約否定〟発言は、当時の吉野による〝密約否定〟を唯一の根拠として続けられる。二〇〇二年に発覚した米秘密文書で再び〝密約〟が証明された際、当時の川口外相は「かつて(二〇〇〇年)河野外相が吉野元アメリカ局長に密約の有無を確認したところ、吉野氏は、密約は無いと回答したと聞いている」(国会答弁、記者会見)と述べ、吉野の河野外相に対する〝密約否定〟の回答が、政府の否定発言の根拠となっていることを明確にした。

〝口止め〟

ところが、二〇〇六年二月、吉野が密約の存在を認めるに至った際、朝日新聞の諸永記者が二〇〇〇年当時の吉野の〝否定発言〟の背景をただしたのに対し、吉野は「あの時は河野外務大臣から、密約否定を頼まれた」、つまり〝口止め〟されたことを明らかにしたのである。だとすれば、川口外相の密約否定の根拠は、この吉野の告白により完全に消滅してしまうことになる。ところが、窮地に追いこまれたはずの外務省は、この吉野の真相告白にもかかわらず、依然として、河野が吉野にただしたのは密約の有無であり〝口止め〟などしなかった――として従来の態度を変えようとしなかったのである。現に、麻生外相は、吉野の密約是認の発言の直後、衆院外務委員会において、次のように述べている。

「当時の河野外務大臣が吉野局長に、密約は存在したかという話を確認したところ、……いわゆる四〇〇万ドル〔軍用地復元補償の日本側による肩代わり〕の話はなかったと当時の吉野局長から答弁があったということを川口外務大臣からあったと存じますけれども、そのとおりで……河野大臣が頼んだというような話になっていますけれども、そのようなことはなかったということであります」。そして、これを受けて、政府は二〇〇六年二月二四日の鈴木宗男衆院議員の質問主意書に対する答弁書として、次のような統一見解を閣議で決定したのである。

「外務省としては、御指摘の元アメリカ局長の発言の内容については承知していないが、平成十四年七月四日の衆議院外交防衛委員会において川口外務大臣(当時)が答弁しているとおり、河野外務大臣(当時)が元アメリカ局長に密約は存在しないことを確認したと承知しており、河野外務大臣が御指摘のような要請を行ったとは承知していない。」

つまるところ、政府の密約否定の根拠は、唯一、吉野の〝否定〟答弁に過ぎない。その吉野が「いや、あの時は、口止めされたんだ」と自ら進んで告白し、その後も、密約の事実および秘密書簡のイニシアルをすべて認めているにもかかわらず、なおも従来の対応を変えようとしない政府を、われわれは一体どう評したらよいのか。

かつて司馬遼太郎は、私が起訴された際、毎日新聞への寄稿文で「われわれは、恐るべき政府をもっている」と論じたが、いまの私は、「われわれは、憐れむべき政府をもっている」と断じるほかはないのである。

イラク戦争の大義名分とされた「大量破壊兵器の存在」と「アルカイダとの緊密な関係」が情報操作の上でつくり上げられたという事実が発覚した際、その事実を公然と認め、発表した米国政府の態度とは、まさに対照的な出来事といってよい。

麻生のごときは、二〇〇六年の参院予算委員会において、「吉野文六という元外務官僚の人も役人なら、いま現職におります役人も役人、だから、どちらを信用するかといわれれば、私どもは今おります現職の人間の話をきちんと信用するのは当然だというのは当り前じゃないでしょうか」と述べた。「密約などありません」と答弁する同席の河相外務省北米局長は、沖縄協定調印時はまだ二〇歳そこそこのはずで、仮に外務省に入っていたとしても、沖縄協定に関するかぎり、全く関与していなかったことは確かである。片方の吉野はといえば、麻生は「元外務官僚の人」と簡単に片づけているが、沖縄返還協定調印時の外務省アメリカ局長として、二通の秘密書簡のイニシアルの本人であり、かつ、協定実務の最高責任者である。河相とは、次元を異にするポジションにあるといっても過言ではあるまい。

それだけではない。この麻生の発言は、まったくの論理矛盾を犯している。すなわち、政府の〝否定〟の唯一の根拠は吉野の〝否定〟であったにもかかわらず、その吉野が〝否定〟をひるがえすと、こんどは吉野より河相のほうが信用できるというのである。

吉野は、彼の密約是認発言をスクープした北海道新聞の徃住《とこずみ》記者に対し、「国会で〝記憶にありません〟と答弁したら、本当に記憶に無くなる。過去を振り返らないようになります。意識的に忘れようとする。大部分は不愉快なことですから。覚えていることを覚えていないというんだから」と心中を明かしている。現況は、その繰り返しでしかないのである。

運命の皮肉

吉野に〝口封じ〟したといわれる河野衆院議長は、朝日新聞の取材に「記憶にない」と答えるだけで、あえて否定はしなかった。その河野は、かつて私の刑事裁判の際、渡辺恒雄(読売新聞主筆)、氏家斉一郎(日本テレビ議長)、美濃部亮吉(当時、東京都知事)、富森叡児(元・朝日新聞社常務)、新実慎八(元・毎日新聞社常務)などの各氏と共に、弁護側証人として法廷に立つことを引き受けてくれた。それは、当時の状況からいえば、かなりの決断を要するものであった。しかし、彼は快く引き受け、法廷で国家情報と報道の関係について堂々と所見を披瀝した。あれから三〇年弱、時の流れの中で、私とは対立する地位につき、こんどは当局の懇請を受ける立場になったのだ。運命の皮肉というほかはない。

鈴木〔宗男〕議員が二〇〇六年三月の質問主意書で「外務大臣は国会答弁において真実を述べる義務があるか」と問い質したのに対し、政府は小泉首相の署名入りの答弁書で「国会における外務大臣の答弁は、真実に沿ったものであるべきであると考えている」と答えた。私は、さきの民事裁判の法廷での原告本人尋問の際、「良心に従って真実を述べ、何事も隠さず、偽りを述べないことを誓います」との宣誓書に署名した。その瞬間、私はあの刑事裁判時の検察側証人たちが、同様な宣誓書に署名した後、次々に偽証していった光景を想い浮かべていた。

麻生外相らは、閣議で決定された答弁書は、裁判の宣誓書に劣らないほどの重要文書であることを肝に銘じるべきであろう。彼らは、かつて佐藤、福田らが沖縄国会において〝真実義務〟に違反した誤りを、またもや犯そうとしているのである。

ここに、興味あるやり取りがある。鈴木議員は別の質問主意書で「国家公務員法並びに外務公務員法で定められた秘密を守る義務に関し、外務省職員が職務上知りえた秘密は、職を退いた後も守る必要があるか。あるとするならば、その法令上の根拠はどこにあるのか」と問い質した。これに対し、政府の答弁は次のようなものであった。

「外務公務員法第三条の規定により外務職員に適用される国家公務員法第一〇〇条第一項には〝職員は、職務上知ることのできた秘密を漏らしてはならない。その職を退いた後といえども同様とする〟と規定されており、御指摘の吉野文六元外務省アメリカ局長についてもこの規定が適用される。」

笑うに笑えぬ自己矛盾

国家公務員の守秘義務は吉野にも適用されるというのである。特定の個人の名前をあげて〝適用される〟といっているのだ。だったら、吉野を国家公務員法違反容疑で告発したらどうか。吉野自身、国家機密に属することを認めた上で、その詳細を語っているのである。いわば〝確信犯〟のようなものである。しかし、外務省はこれまで告発していないし、恐らく、今後もしないだろう。それは、「密約はない」という立場をとるかぎり、吉野のいう「密約」を国家機密に指定できないからである。ここには笑うに笑えない自己矛盾がある。また、告発する以上は、密約がないことを具体的に立証しなければならない。それが不可能であることはいうまでもないことだ。さらにいえば、吉野は、特定の内部文書に基づいて密約の事実を述べているのではない。いわば、密約の存在そのものだからである。

なぜ吉野発言か

それにしても、国家機密の王国ともいわれる外務省の高級官僚だった吉野が、なぜ、突然変異のように機密の真相を語りはじめたのであろうか。恐らく、外務省の幹部連は愕然としたに違いない。まさに、日本の近代から現代にかけての外交史上、例のない事件といってよい。しかし、吉野になんら動揺はない。いまなお訪れる記者にひるむことなく語り続けている。もはや、こわいものはなにもないといった風情さえ感じるほどだという。すでに夫人に先立たれ、ひとり身となった吉野は、九〇歳を前に、自らの外交官生活を回顧して、つかえていたものをはき出し、いいたいこともいって、自分なりの想いをまとめ上げたい衝動に駆られたのであろうか。

往住記者によれば、吉野は長野県出身で幼少の頃、弁護士だった父親や叔父たちが小作争議や共産党員検挙に際し、その弁護や支援活動に奔走していた姿を見ながら育ったという。だとすれば、彼には〝反骨〟の血が流れていたといえる。

同時に、吉野には、日本外交のあり方について、いいたいことが山ほどあったのではないか。

彼は一九六九年から七〇年にかけての駐米公使時代、佐藤の「私設ＣＩＡ」あるいは「忍者」（「オーラルヒストリー」）と呼ばれた二人の人物による闇の外交に手を焼いた。その過程で、彼の対米折衝などは〝飾り物〟に過ぎなかったことを身をもって経験した。さらに、沖縄協定調印の年の一九七一年初頭、本省のアメリカ局長に就任してからは、これまた大蔵省から理屈に合わないようなツケ（同前）を回され、結局は、条文化できないため、密約を背負いこむハメになるという苦々しい体験の持ち主でもあった。いわば、〝きれいごと〟（同前）にこだわり過ぎた佐藤によって、散々な目にあったというのが、彼の交渉に対する率直な感想であった。

吉野発言以降、しばしば訪れるようになった記者たちに、「すべては、協定の批准が先決だった。あとは、野となれ、山となれの気持だった」と、ふつう、交渉当事者としてはタブーとされるような自棄的な表現を使ったのも、それなりに無理からぬ面があったのだ。だからこそ、協定発効後、二五年が経過して、米国の秘密文書が開示され、沖縄密約の事実が続々と明らかにされるのを見るにつけ、長年支え続けてきた重しを、この際はずして、積もり積もった感懐を一挙にぶちまけたいという気持ちになったのではないだろうか。それは、若泉敬が、米国の例にならって二五年の後、佐藤－ニクソンの核に関する秘密合意の議事録を暴露したのとは、ちょっと異なる動機だったといえよう。

「あとは、野となれ…」

しかし、この密約締結の本人であった吉野の発言によっても、まだわが国の外務省は、それを否定し、私の刑事裁判以来の偽計を弄し続けている。そして、本来は主権者たる民衆に正面から向き合わねばならないはずの総理大臣、外務大臣、官房長官など政府最高首脳もまた、外務省にいわれるがまま、その指図に従って同じ偽計を踏襲しているのだ。このことは、三十数年前の国による組織犯罪の完全なる再生産である。

欧米先進諸国の間では、行政の責任ある者が自らがかかわる公的関心事項についてウソをつけば、即座に罷免される。行政権者といえども、その権限は主権者である市民から委託されているに過ぎず、したがって、その市民へのウソが権限の剥奪につながるのは当然の帰結という認識である。ウソは最大の政治犯罪なのだ。

ところが、わが国では、この常識が通用しないのである。

開示されぬ交渉記録

このように隠蔽体質の総本山ともいえる外務省は、〝内規〟などはまったく無視して、たとえ三〇年たとうが、四〇年たとうが、戦後の重要な外交案件に関する交渉記録をほとんど開示していない。一九六〇年の日米安保改定—新安保条約の締結、六五年の日韓国交正常化に関する基本条約、そして七二年の沖縄返還協定など、どれをとっても、いまだ一片の文書も開示していない。その間に、外務省が大量の文書を焼却したという説が流れ、当局はこれを懸命に否定したが、あまりにも極端な不開示の現状から、焼却の可能性ありとの推測を生んでも仕方のないような状況なのである。韓国が日韓基本条約に関する外交文書を公開した際、日本の外務省は「公開するなら日本と同時にしてほしい」との談話を発表して批判していたが、日本側の公開を待っていたら、それこそ半永久的に不開示となる恐れさえあり、この同省見解は、まったくの言い逃れに過ぎない。

いずれにせよ、外務省の倉庫には数え切れないほどの外交文書が眠っているが、その開示・不開示は現職の外務事務次官をはじめ、歴代の事務次官経験者を含む少人数の担当者によって決められているといわれ、外務大臣などは在任の期間が短いこともあって、まったく関与せず、首相官邸に対すると同様、事実上の事後報告ですまされているようだ。事務次官など少数の当局者によって決定されるということになると、当然、省益優先の観点が強まり、ましてや〝密約〟などの非合法的な文書は永久に門外不出とされてしまう。交渉相手の米国などが期限が切れて秘密文書を一斉に開示し、沖縄交渉に見られるように、数々の〝密約〟が明るみに出るような事態となれば、日本の外務省は出そうにも出せないような事態に追い込まれてしまう。また、日本では、岸内閣（核持込みの秘密合意）あるいは佐藤内閣のように、外務省にさえ知らされない総理大臣だけによるトップ・シークレットの交渉事があり、それらは当然のことながら、外務省の開示する文書類には含まれない。

かくして、外務省内および省外の特殊事情により、外交文書はますます私物化されていくのである。いかに外交・防衛が国家機密の中枢に位するとはいえ、とくに外交については、三〇年以上も経過すれば、本来の所有権者である主権者に帰属されるべきであり、そのことを外務省が阻止することは、国民の基本的な「知る権利」を制限する反民主的行為といわねばならない。

諮問機関で開示基準を

そして不思議なのは、この権力の異常過ぎるほどの隠蔽体質を取り上げ、厳しく批判するメディアが、わが国では少ないということである。この際、メディアは、まず外交文書の開示については、外務当局にだけまかせるのではなく、民間の有識者を含む諮問機関を設置して、日本の国益、国民の知る権利、諸外国の開示状況などを総合的に勘案した開示基準を制定し、それに基づいて積極的な開示行政を推進するよう提案すべきである。もし、全国のメディアが一致して政府に対しこの種の改革を迫り、それを実行させることができれば、それによって日本の反民主的な〝密約外交〟は大きく後退するに違いない。

あとがき

私は、本書において「沖縄密約」をめぐる国の組織的犯罪の実態を総括し、系統的に説明してきた。日米同盟の変質にしても、それに関する情報がメディアを通じて正確に主権者に伝達され、それによって真剣な論議が交わされた上でのものではなかった。この中で、読者も政府のいう〝密約否定〟など、とうていあり得ないことを知っていただけたと思う。このような「情報犯罪」は、納税者、主権者とそれを代表する国会に対して偽計を弄するという点で重大であるが、同時に、国の外交・安全保障の根幹にかかわる問題で政権益のため権力を濫用したという点でも厳しく糾弾されなければならない。そして、この情報犯罪は、私に制裁を科すことによって、隠蔽され、擁護されたのである。こうした犯罪がよって立つ基盤は、権力、メディア、民衆の三つの構成要件から成立するが、これら要件についても私なりの考え方を提示したつもりである。

私が二年前、国を相手どって提訴したのは、沖縄返還を原点としてはじまったこれらの犯罪が、いまなお再生産され、今日的事件として継続しているからである。私は、自身の名誉回復以上に、この問題提起が裁判を通じて再認識され、広く論及されることのほうを、より重要視する。そして、その目的は、当初、私が期待した以上に達成されつつあるように見受けられる。吉野文六(元・外務省アメリカ局長)発言(二〇〇六年二月)も、本裁判によって引き出されたともいえるからだ。

いま、わが国では、国家への権力集中に拍車をかけながら、他方では特定国との軍事同盟関係を一体化するという特異な路線が敷かれようとしている。この路線は、安倍内閣に入って従来以上のスピードで推進され、これにともない、メディアの諸活動にも各種の規制が加えられようとしているかのようである。いまのメディアに要請されるものは、権力に対する監視機能の再構築であり、それは、とりもなおさず民衆の側に立って、権力との均衡を回復し、維持することである。私は、メディアの戦士たちが、このような問題意識の上に、立ち上がることを期待する。

執筆を終えるにあたり、米国の秘密文書を入手して、わが国ジャーナリズムの世界に貴重な資料を提供された琉球大学教授の我部政明氏、ならびに東京放送(TBS)報道局長の金平茂紀氏に対し、深甚なる敬意を表したい。また、今回の裁判を通じて絶大な支援と協力をいただいている原寿雄（元・共同通信編集主幹）、田島泰彦（上智大学教授）、鳥越俊太郎（ジャーナリスト）の各氏に対し、心より感謝の念を表したい。同じく、裁判の原告代理人たる弁護士、藤森克美氏と藤森克美法律事務所のスタッフ、浜口みどりさんに対しても改めて謝意を表するものである。

私は、裁判の過程で左記の記者をはじめとした多くの若きジャーナリストを知ることができた。このことは、晩年の私にとって、何ものにも代えがたい喜びであった。これらのジャーナリストは、鮮烈な問題意識を抱きながら、果敢に取材を続けている。私は、彼らに望みを託したい。

徃住嘉文氏（北海道新聞）、諸永裕司氏（朝日新聞）、臺宏士氏（毎日新聞）、瀬口晴義氏（東京新聞）、佐藤直子さん（同）、松元剛氏（琉球新報）、粟国雄一郎氏（沖縄タイムス）、野村充和氏（共同通信）、植村俊和氏（テレビ朝日）、森広泰平氏（日刊ベリタ）、土江真樹子さん（元・琉球朝日放送）

なお、本文中でも断わったように、本書では、登場人物の敬称は、基本的に省略させていただくとともに、肩書きは原則として、それぞれの記述における当時のものとした。

二〇〇七年四月

西山太吉

西山太吉
1931年，山口県に生まれる．慶應義塾大学法学部卒，同大学院修士課程(国際政治学専攻)修了後，毎日新聞社に入社．経済部を経て，政治部記者として首相官邸，自民党，外務省などを担当．1972年，沖縄の施政権返還にからむ密約取材をめぐり，国家公務員法違反容疑で外務省の女性事務官に続いて逮捕された．一審で無罪(事務官は有罪，控訴せず確定)となったものの，二審で逆転有罪，1978年，最高裁で確定(懲役4ヵ月，執行猶予1年)した．一審判決後に退社し，福岡県北九州市の西山青果株式会社に勤務，1991年，退職．2023年，没．著書に『情報は誰のものか』(共著，岩波ブックレット，2003年)，『決定版 機密を開示せよ』(岩波書店，2015年)，『記者と国家 西山太吉の遺言』(岩波書店，2019年)がある．

沖縄密約
―「情報犯罪」と日米同盟　　岩波新書(新赤版)1073

2007年5月22日　第1刷発行
2024年5月24日　第11刷発行

著　者　西山太吉《にしやまたきち》

発行者　坂本政謙

発行所　株式会社　岩波書店
〒101-8002 東京都千代田区一ツ橋2-5-5
案内 03-5210-4000　営業部 03-5210-4111
https://www.iwanami.co.jp/

新書編集部 03-5210-4054
https://www.iwanami.co.jp/sin/

印刷製本・法令印刷　カバー・半七印刷

ISBN 978-4-00-431073-0　　Printed in Japan

岩波新書新赤版一〇〇〇点に際して

ひとつの時代が終わったと言われて久しい。だが、その先にいかなる時代を展望するのか、私たちはその輪郭すら描きえていない。二〇世紀から持ち越した課題の多くは、未だ解決の緒を見つけることのできないままであり、二一世紀が新たに招きよせた問題も少なくない。グローバル資本主義の浸透、憎悪の連鎖、暴力の応酬——世界は混沌として深い不安の只中にある。

現代社会においては変化が常態となり、速さと新しさに絶対的な価値が与えられた。消費社会の深化と情報技術の革命は、種々の境界を無くし、人々の生活やコミュニケーションの様式を根底から変容させてきた。ライフスタイルは多様化し、一面では個人の生き方をそれぞれが選びとる時代が始まっている。同時に、新たな格差が生まれ、様々な次元での亀裂や分断が深まっている。社会や歴史に対する意識が揺らぎ、普遍的な理念に対する根本的な懐疑や、現実を変えることへの無力感がひそかに根を張りつつある。そして生きることに誰もが困難を覚える時代が到来している。

しかし、日常生活のそれぞれの場で、自由と民主主義を獲得し実践することを通じて、私たち自身がそうした閉塞を乗り超え、希望の時代の幕開けを告げてゆくことは不可能ではあるまい。そのために、いま求められていること——それは、個と個の間で開かれた対話を積み重ねながら、人間らしく生きることの条件について一人ひとりが粘り強く思考することではないか。その営みの糧となるものが、教養に外ならないと私たちは考える。歴史とは何か、よく生きるとはいかなることか、世界そして人間はどこへ向かうべきなのか——こうした根源的な問いとの格闘が、文化と知の厚みを作り出し、個人と社会を支える基盤としての教養となった。まさにそのような教養への道案内こそ、岩波新書が創刊以来、追求してきたことである。

岩波新書は、日中戦争下の一九三八年一一月に赤版として創刊された。創刊の辞は、道義の精神に則らない日本の行動を憂慮し、批判的精神と良心的行動の欠如を戒めつつ、現代人の現代的教養を刊行の目的とする、と謳っている。以後、青版、黄版、新赤版と装いを改めながら、合計二五〇〇点余りを世に問うてきた。そして、いままた新赤版が一〇〇〇点を迎えたのを機に、人間の理性と良心への信頼を再確認し、それに裏打ちされた文化を培っていく決意を込めて、新しい装丁のもとに再出発したいと思う。一冊一冊から吹き出す新風が一人でも多くの読者の許に届くこと、そして希望ある時代への想像力を豊かにかき立てることを切に願う。

（二〇〇六年四月）

岩波新書より

政治

さらば、男性政治　三浦まり
日米地位協定の現場を行く　山本章子・宮城裕也
職業としての官僚　嶋田博子
学問と政治　学術会議任命拒否問題とは何か　芦名定道・宇野重規・岡田正則・小沢隆一・加藤陽子・松宮孝明
検証 政治改革　なぜ劣化を招いたのか　川上高志
政治責任　民主主義とのつき合い方　鵜飼健史
人権と国家　筒井清輝
「オピニオン」の政治思想史　堤林剣・堤林恵
戦後政治史〔第四版〕　石川真澄・山口二郎
尊厳　マイケル・ローゼン　内尾太一・峯陽一訳
デモクラシーの整理法　空井護
地方の論理　小磯修二

SDGs　南博・稲場雅紀
暴君　スティーブン・グリーンブラット　河合祥一郎訳
ドキュメント 強権の経済政策　軽部謙介
リベラル・デモクラシーの現在　樋口陽一
民主主義は終わるのか　山口二郎
女性のいない民主主義　前田健太郎
平成の終焉　原武史
日米安保体制史　吉次公介
官僚たちのアベノミクス　軽部謙介
在日米軍　変貌する日米安保体制　梅林宏道
矢内原忠雄　戦争と知識人の使命　赤江達也
憲法改正とは何だろうか　高見勝利
共生保障〈支え合い〉の戦略　宮本太郎
シルバー・デモクラシー　戦後世代の覚悟と責任◆　寺島実郎
憲法と政治　青井未帆
18歳からの民主主義◆　岩波新書編集部編

検証 安倍イズム　柿崎明二
右傾化する日本政治　中野晃一
外交ドキュメント 歴史認識◆　服部龍二
日米〈核〉同盟　原爆、核の傘、フクシマ　太田昌克
集団的自衛権と安全保障　豊下楢彦・古関彰一
日本は戦争をするのか　半田滋
アジア力の世紀　進藤榮一
民族紛争　月村太郎
政治的思考　杉田敦
現代日本の政党デモクラシー　中北浩爾
サイバー時代の戦争◆　谷口長世
現代中国の政治◆　唐亮
政権交代とは何だったのか◆　山口二郎
日本の国会　大山礼子
戦後政治史〔第三版〕　石川真澄・山口二郎
〈私〉時代のデモクラシー　宇野重規
大臣〔増補版〕　菅直人

岩波新書/最新刊から

2008 **同性婚と司法** 千葉勝美 著

元最高裁判事の著者が同性婚を認めない法律の違憲性を論じる。日本は同性婚を実現できるか。個人の尊厳の意味を問う注目の一冊。

2009 **ジェンダー史10講** 姫岡とし子 著

女性史・ジェンダー史は歴史の見方をいかに刷新してきたか――史学史と家族・労働・戦争などのテーマから総合的に論じる入門書。

2010 **〈一人前〉と戦後社会**
―対等を求めて―
禹宗杬
沼尻晃伸 著

弱い者が〈一人前〉として、他者と対等にふるまうことで社会を動かしてきた。私たちの原動力を取り戻す方法を歴史のなかに探る。

2011 **魔女狩りのヨーロッパ史** 池上俊一 著

ヨーロッパ文明が光を放ち始めた一五～一八世紀、魔女狩りという闇が口を開いたのはなぜか。進展著しい研究をふまえ本質に迫る。

2012 **ピアノトリオ**
―モダンジャズへの入り口―
マイク・モラスキー 著

日本のジャズ界でも人気のピアノトリオ。エヴァンスなどの名盤を取り上げながら、その歴史を紐解き、具体的な魅力、聴き方を語る。

2013 **スタートアップとは何か**
―経済活性化への処方箋―
加藤雅俊 著

経済活性化への期待を担うスタートアップ。アカデミックな知見に基づきその実態を見定め、「挑戦者」への適切な支援を考える。

2014 **罪を犯した人々を支える**
―刑事司法と福祉のはざまで―
藤原正範 著

「凶悪な犯罪者」からはほど遠い、社会復帰のために支援を必要とするリアルな姿。司法と福祉の溝を社会はどう乗り越えるのか。

2015 **日本語と漢字**
―正書法がないことばの歴史―
今野真二 著

漢字は単なる文字であることを超えて、日本語に影響を与えつづけてきた。さまざまなかたちから探る、「変わらないもの」の歴史。